未来の必要

生涯教育立国の条件

三浦清一郎【編著】

学文社

まえがき　生涯教育：変化の時代の不可欠要件

(1)　変化は願望の実現

変化は人間の必要が引き起こすものです。特に、社会的条件の変化は人間の夢と希望が実現した結果として人間社会に登場します。それゆえ、変化の総体は人間の願望の実現を反映しています。もちろん、どのような変化にも副作用があり、行き過ぎがあり、変化の過程が不公平を生み、不利益を被る人々も発生します。しかし、そうした各種の副作用が存在したとしても、変化を促すエネルギーが人間の願望を原点としている以上、変化は変化を呼んで人間社会のあり方を変えていきます。変化をより速やかに、より公平に、より合理的に、時には不利益を被る人を説得することも含めてその犠牲を最小限にとどめようとすることが生涯教育の役割です。

社会変革を構成するのは、技術革新であり、思想の変革であり、システムの変革であり、人々のライフスタイルの変革です。重要なことは、これらすべての変革は人々の理解と実践がなければ起こり得ないということです。

(2)　立国の条件

生涯教育も生涯学習もその出発点は疑いなく、技術革新に端を発する時代の急激な変化への対応でした。現代社会では人の一生のうちに、技術が変わり、生産のシステムが変わり、暮らし方が変わり、当然一人ひとりの考え方も変わり続けていいます。そうした変化は社会学的に、「第三の波」とか「制度疲労」とか「無境界化」とか「価値の多様化」とか「分衆（小衆）の誕生」などと表現されました。生涯教育も生涯学習もそうした変化への対応を摸索する「適応行動」の総称です。この間日本社会をめぐる環境は激変し、国際化、少子・高齢化、過疎・過密化、男女共同参画社会理念の称揚などが進行し、政治も経済もめまぐるしい変化を遂げつつあります。

それゆえ、生涯教育の発想は社会変革を適切かつスムーズに進行させる方法論として登場したのです。変化をいち早く理解し、個人や社会が適切に対応することは変化の時代を生き抜く上で極めて重要な条件になったのです。かくして、生涯教育は衣食住と並んで不可欠の生活基盤となったのです。

なぜなら、あらゆる技術変化も、制度改革も、外交も、経済活動も、その成否は国民の理解と実践と活力が決定するものだからです。国にしても、社会にしてもすべての活力はそこに暮らす人々の生き方にかかっているからです。そして、人間を育てるのも、その生き方を決するのも、最後は国民教育の質に帰結するのです。特に、生涯にわたって社会的条件が変化する時代においては、それに対応した継続的な適応と革新のための教育が重要になるのは論理的必然です。

国民が理解しないあらゆる改革は進展せず、また、国民が自覚しないあらゆる変化に適切な対応措置を講じることはできないでしょう。生涯教育の役割は、個人はもとより社会や国家の現状を診断し、未来が必要とする処方を提示することとです。生涯教育は社会の診断と未来の予見、国民の変化への適応とシステムの革新を通して立国の基本要件を担っているのです。

(3) 現代の診断：未来の処方——生涯学習から生涯教育へ

本書は三〇年にわたる中国・四国・九州地区生涯学習実践研究交流会の歴史とそこで発表された七四一の実践事例を分析の素材としてまとめられました。分析は診断と処方という医療の臨床治療の方法にならっています。本書の出版にあたり、編集会議ではいくつかの重要な提案と約束を前提としましたが、その上で、これまで大会の運営に関わった実行委員及び事務局の中から希望者が執筆を分担しました。

第一は、「生涯教育」から「生涯学習」に全面変更された現行の社会教育のシステムに、再度「生涯教育」概念を復活することを発想の原点に置いています。

第二は、生涯教育の優れた実践モデルを紹介するにとどめず、当該事例を取り巻く教育の実態を批判的に診断して、「未来の必要」を予見し、予見に対する処方を提案することを執筆上の約束としました。

私たちの試みが成功したか否かは読者の批判を待たなければなりませんが、本書がいくらかでも各地の生涯教育実践に役立つならば、一同望外の喜びとするところです。

平成二三年二月一五日

編著者　三浦　清一郎

目次

まえがき　生涯教育：変化の時代の不可欠要件……（三浦 清一郎） 1

I　生涯教育立国の条件

II　地域の教育診断と処方

Ⅲ　教育方法の革新

未来の必要——生涯教育立国の条件

中国・四国・九州地区生涯学習実践研究交流会三〇周年記念出版

Ⅰ　生涯教育立国の条件

Ⅰ-1　生涯学習の盛況と社会教育の凋落

三浦　清一郎

1　「生涯学習」概念の副作用――「教育」から「学習」への修正、「学習」から「教育」への再修正

生涯教育－生涯学習が日本社会に登場して約四〇年が経ちました。不覚にも筆者は生涯学習を「教育における民主主義」理念の実現であるとして高く評価・過信していました。

理念に間違いがなくても、その理念に基づいて必要不可欠な努力や活動が実践されなければ、人間の願いも社会の必要も実現できない、という単純な事実を見落としたのです。政治における民主主義はそれ自体が目的になり得ても、教育における民主主義は必ずしもそうはならないということに気づかざるを得ませんでした。

生涯学習概念は市民に等しく「学習の選択権」を保障した点で従来の教育論に存在しなかった「革新的」な意味

を持ちました。しかし、理念的に正しくても、あらゆる理論は、実際に日本社会が当面する問題を解決できなければ意味が半減します。「生涯学習」概念は、学習の実践によって社会が必要とした課題の解決は半分もできませんでした。

民主主義は国民が主権を持つことであるという原則に則り、筆者もまた生涯教育を生涯学習の概念に置き換えたことは正しい選択であったと書き続けてきました。

歴史的経緯を見れば、ユネスコの提案に則って「生涯教育」概念を付加した日本の社会教育は、生活の全分野にまたがった従来の教育の横軸と、人生の縦の時間軸に沿った教育発想の両方を獲得し、世界にも稀な総合的な市民教育のシステムになるはずでした。しかし、昭和六二年の臨時教育審議会の答申以後、生涯教育から生涯学習に概念変更の舵を切ったとたん、社会教育は気ままで気まぐれな学習者の放縦な欲求に振り回され、公教育としての役割と機能を一気に喪失することになりました。市民の選択を原理とする「生涯学習」概念の導入によって、市民を対象とした「教育」概念は忌避され、従来の社会教育は市民の欲求を追いかけるコンパスなき航海のごときものになったのです。

2　教育における「国民主権」論——「教育」を「学習」に言い換えなければならなかった時代背景

政治と行政が「生涯学習」概念を採用し、生涯教育概念を使わなくなった背景には、民主主義の概念が浸透し、個人の権利が伸長し、政治・行政など個人の力を超える「権力」への不信が存在したと思います。変化が国民の一生にわたって継続し、教育（または学習行動）によってそうした変化に適応しなければならないとすれば、誰が教育（学習行動）の中身やあり方を決めるのか、は重大な社会的判断です。日本社会は米国等の動向にならって、判断者（決定者）は国民自身であるべきであるという政治的選択をしました。政治的選択という意味は、生涯学習を成立させる論理は、「国民主権」という点で政治における民主主義の原理と合致すると考えられたからです。

生涯教育も生涯学習も最大の特徴は活動が〝生涯にわたる〟という点にあります。生涯にわたって行わざるを得ない活動の「主体」を決めるにあたって、教育概念には民主主義概念と衝突する避け難い特性がありました。つまり、それは中身や方法を決定する「主体」と「客体」とを分離せざるを得ないという特性です。教育においては、自己教育に至るまで、常に、教育を施す側の「主体」と教育を受ける側の「客体」に分けて考える必要があります。しかしながら、政治的民主主義の視点からは、当事者以外の第三者、たとえば政府なり、行政なり、教育機関なりが、個人の生涯にわたって教育の「主体」であり続けるという想定は、国民主権や人権思想に抵触しかねないという疑念をぬぐい去ることができなかったのです。かくしてアメリカを先頭に先進各国は次々と生涯教育概念を捨てて生涯学習概念を採用することになりました。

日本における生涯教育から生涯学習への転換は成功しました。前例となったモデルはアメリカであったと考えられます。きっかけはモンデール法と呼ばれた当時の副大統領が提案した「生涯教育振興法」(Lifelong Education Act of 1976)でした。アメリカ議会は、この法律をめぐって、生涯の教育を担当すべき「主体」は誰か、という点で大もめにもめました。結論は、教育を「自己教育」=「学習」に置き換え、学習の主体は国民であり、市民であるというところに落ち着きました。その結果、法律の名称は「生涯学習振興法」(Lifelong Learning Act of 1976)と変更されて成立しました。

法案の趣旨であった「生涯にわたる教育の重要性」は共通理解を得ましたが、人間の生涯を左右する教育をその時々の権力の影響下においてはならないという主張が当時の教育論を制し、生涯学習論が一気に浮上したのです。その結果、「生涯教育」概念は「反民主主義」になり得る潜在的危険性のゆえに遠ざけられ、学校外の市民を対象とした「教育」はすべて市民の選択に委ねられる「学習」であるべきであるという雰囲気が醸成されることになったのです。

以来、日本では、市民が学習の主役になり、学習は一気に多様化し、従来の鑑賞者は演技者、演奏者、創作者になり、見物人はプレーヤーになりました。筆者はこうした現象を「生涯学習革命」と呼んで評価してきました。情報機器やコンビニや宅配便の普及と同列の「利便性の革命」であると解釈したのです。情報機器の日常化は情報革命と呼ばれました。コンビニの普及は流通革命、宅配便ネットワークの確立は輸送革命であると言われていました。これらの「革命」に共通のスローガンは〝いつでも、どこでも、だれでも〟でした。それは生涯学習が掲げたスローガンと同じであり、生涯学習思想の浸透によって市民が学習の「主体」となり、行政や教育機関が市民の学習の利便性を保障するようになったのは生涯学習革命と呼ぶにふさわしいと判断したのです。

しかし、今となってみれば、教育概念を忌避して、学習概念だけで時代の変化に立ち向かえると考えたことは、専門家として誠に恥ずかしい、早とちりの間違った判断でした。

3　中身抜きの「利便性」

前述の通り、各種「革命」と呼ばれた現象の象徴は利便性の向上でした。生涯学習がスローガンとした〝いつでも、どこでも、だれでも〟も学習の利便性の向上を意味しました。それは情報機器や、コンビニや、宅配便の利便性を象徴するスローガンと同じく行動の中身に関係のない利便性です。

生涯学習の中身は学習者が決定します。消費者が消費の中身を決定するのと同じです。消費者が消費行動の「簡単」や「アクセス」や「スピード」やその他の利便性を求めるのと同じ基準で学習者の学習行動に同様の利便性を保障することは素晴らしいことだと考えました。

消費行動でも、学習行動でも利便性を表す共通かつ究極のスローガンは〝いつでも、どこでも、だれでも〟です。しかし、消費者の消費行動は個々人が自由に決めるものであってもよいのですが、社会が必要とする教育の中身は学習者が自由に決めるものばかりではない、ということに気づきませんでした。生涯学習概念は、教育を学習と言い換えたことによって、教育を消費や政治の投票行動（選挙）と同列に置き、政治における民主主義の概念をそのまま教育に持ち込んだのです。民主主義社会における最高価値は「民意」ですから、結果的に、生涯学習は「民の意志」と等値され、あらゆる教育概念の上位に位置することになったのです。しかし、当然、政治における投票行動と政策決定過程が異なるように、学習と教育とは機能が異なります。民主主義は政治の投票行動に資格や専門性を問うことはありませんが、政策決定には多種多様な専門性が必要になります。学習も学習者の学習権に資格や専門性を問うことはありませんが、教育の担当者は多種多様な専門性を持っているのが普通です。教育はもとより、医療、工学その他あらゆる専門職業は必ず専門性とその資格を問われます。政治の投票行動は、素人も専門家も、新入社員も社長も、市民も総理大臣もその一票の価値を区別しません。生涯学習も同じです。学習者の帰属や資格に関わりなく一律に学習権を認めます。しかし、専門職業が行う教育ではそうはいきません。それゆえ、消費や政治の投票行動と任意の学習権を同列に置くことはできても、投票行動と教育を同列に置くことはできないのです。

論理を突き詰めれば、生涯学習という教育の民主主義は、学習内容をも「民意」に託すことになり、選挙と同じく世論の動向に振り回されることになります。そうなれば教育の「不易」は消滅し、「流行」だけが残ることになります。同じように、専門家が判断する「教育必要」は消滅し、学習者が選択する「学習要求」だけが残るようになります。現に日本の社会教育はそうなりました。

生涯学習概念が一人歩きを始めれば、教育行政も、教育の専門家も、国民の学習の中身に関与する論理的根拠を失うのです。国民が政治的に学習の選択権を握ったということは、「教育」概念そのものが「余計なお世話」だということすら意味します。

日本の教育システムを生涯学習の原理で概念化したということは、煎じ詰めれば、社会教育行政を不要にしたのです。市民が学習内容を決定するという思想は、教育課題の診断と処方、義務教育以外の公教育の編成、プログラムの決定権を、時の教育政策の外に置くということです。日本の教育の舵取りをする役割を担っている教育行政や教育の専門家を外して、学習も教育課題の決定も、個人の自由選択に委ねたということです。

その結果、今や生涯学習概念の副作用は明らかであり、社会教育の凋落は目に余るものがあります。自分たちの欲求のままに、「やりたいことしかやらない」市民の学習の現状を突きつけられて、筆者もようやく社会教育を生涯学習に置き換えたままでいいのか、という問題に当面することになったのです。

4 「社会の必要」より「個人の要求」――生涯学習の盛況と社会教育の凋落

〝いつでも、どこでも、だれでも〟のスローガンは、利便性の向上を意味しますから、コンビニや宅配便の発想が歓迎されたのと同じように日本人に大歓迎されました。また、長く「お上」に仕えることに馴らされた日本人にとって、初めて手にした学習の選択権は新鮮で、もろ手を上げて歓迎されました。従来の生涯教育概念に批判的であった人々からも「教育」から「学習」への概念の変更に異論は出ず、時代の一大転換であったにもかかわらず、政治も教育行政も生涯教育を生涯学習に、あるいは社会教育を生涯学習に看板を掛け替えるための説明に苦労はしなかったはずです。

社会教育は市民に任せて、時の教育行政が判断・企画するプログラムを提供するのは慎むべきであるという議論は松下圭一氏の『社会教育の終焉』（筑摩書房、一九八六年）以来いわゆる進歩派の人々が待ちこがれていた思想でした。「生涯学習」の登場は、結果的に、公的な市民教育の否定と等値され、文字通り「社会教育の終焉」を意味することになったのです。

「学習」を選んで、「教育」を忌避したということは、公教育としての社会教育も学習者の要望に応えることだけが役割であるという意味になったのです。

生涯学習の主役が市民であるということは「学習要求」が「教育必要」と等値されることであり、市民の要望がそのまま教育内容となります。市民の要望に応えることが生涯学習振興行政の「サービス」であるということになると教育概念はほとんど必要でなくなります。公民館もその他の社会教育施設もフル回転するようになりましたが、中身は「学習」であって「教育」を行う必要はなくなりました。公民館等が単なる「貸し館」業務に陥っていくのは時間の問題でした。

従来の社会教育概念は、社会教育法が現存するため、行政システム上一定程度は残りましたが、大部分の「社会教育課」や「係」は「生涯学習課」や「生涯学習係」に名称を変更し、看板を掛け替えました。生涯学習の盛況は、日本人の生活における「教育」の軽視につながり、とりわけ社会教育の凋落を意味していたのです。社会教育とは、「社会教育法」上、学校を除く、社会のあらゆる場所で行われる教育活動の総称ですから、教育行政が担当してきた公的な社会教育を含めて日本中のあらゆる社会教育活動が停滞したということです。生涯学習は従来の社会教育に自由と気ままを持ち込み、日本の教育行政の公教育機能を破壊する致命的な副作用をもたらしたのです。社会教育が市民の「必要」を放置した結果、生涯学習の副作用の破壊力は少子・高齢社会が到来していよいよ明白になりました。

学校教育はもとより、社会教育も「学習要求」と「教育必要」の二要素で成り立つことは「生涯学習理念」が導入される前の社会教育関係者の常識でした。しかし、生涯学習理念が社会教育の支配的発想になって以来、プログラムの構成も教育需要の判断も大きく市民の個人的「学習要求」に対応することに傾きました。社会の必要は結果的に無視され、プログラムは人々の欲求（学習要求）を満たすことに重点がシフトされました。生涯学習のもとで人々はそれぞれの「欲求充足原則」を掲げておもしろおかしく「パンとサーカス」を追いかけるようになったのです。「学習」が時に「楽習」と呼ばれたのは象徴的なあらわれです。

市民が選択する生涯学習プログラムの大半は、内容、方法ともに「じりひん」に陥り、公金を投じる価値はないという政治評価を招きました。

税金の投入に政治が「費用対効果」の向上を求めるのは当然であり、個人の遊びや楽しみ事は受益者の負担でやるべきだという発想が出たのも当然でした。この点で、政治は教育行政より敏感で健全であり、公的な市民教育における民主主義原理は、事業の縮小という形で事実上政治に否定されることになったのです。政治の評価は厳しく、社会教育職員の減少が続き、社会教育関連施設が次々と外部に管理委託され、事業予算も縮小の一途をたどっています。社会の必要に応えていない教育に税金を投入する意味がないことは明らかだからです。社会教育の衰退は、原理的に、生涯学習の理念が招いた副作用なのです。

5 教育処方を必要とする人々を放置していいでしょうか

健康な市民は、自分の日常の健康管理を自分の判断で自由に選んで暮らしています。医療も保健も原則として健康人に干渉はしません。しかし、市民がひとたび患者となった場合には、病院や医師の指示に従って治療に専念するのが医療・保健分野の常識であり、社会の通念です。

この時、病院や医師の診断や処方に従わず、自分の思い込みだけで診断―処方―治療を主張する患者がいたとすれば、社会や病院はその気ままや自分勝手な思い込みを放置するでしょうか？ 医療の視点からも、社会保障の視点からも、患者が病院の指示に従わなくていい、という感覚や原理が市民に浸透してしまえば、医療も、介護も、保険制度もその目的と成果を期待通りに達成することは困難と言えるでしょう。

もちろん、医療が健康人に干渉しないように、教育も一般市民の学習に干渉することはありません。市民がすべて患者ではないという事情も、医療の場合と同様、生涯教育も同じです。しかし、仮に、日常の暮らし方に教育診断と処方が必要な「患者相当者」が出たとした場合、社会教育は彼らを放置しておいてもいいでしょうか。「患者相当者」が「教育診断」にも「教育処方」にも従わなくていいのだ、という感覚や原理がまん延してしまえば、「患者相当者」の学習は自らの意志で、自らがやりたいように決めていいということになります。現に、「生涯学習」概念のもとでは、「患者相当者」に対する「教育診断」も「教育処方」も成り立ち得ません。

生涯学習の時代、大部分の学習者は、教育診断にも、教育処方にも関心はなく、その意義をほぼ完全に無視するようになりました。生涯教育を生涯学習と言い換えることによって、教育診断は意味を失い、専門家の助言は効力を失い、社会教育は公金を投入したプログラムの目的と成果の大半を失うことになったのです。

教育は医学その他の自然科学ほど論理性や実証性の厳密な学問ではありませんが、それにしても教育における「患者相当者」が専門家の診断や処方に従わなくていいという原理をオープンに認めれば、そもそもの教育の目的を根本から失うことになるでしょう。現に、生涯学習に置き換えられた社会教育はすでにその使命と目的の大半を失いました。教育機能を放棄すれば、社会教育はもはや教育ではありません。予算も人員も施設も激減しているのは、教育機能を果たさない教育部門の存続を政治が承認しない結果なのです。

日本社会が「生涯教育」概念を「生涯学習」概念に置き換えたということは、公的な社会教育における市民の自由と気ままを放置したということです。「患者相当者」に限って言えば、原理的に、彼らに対する専門的診断と処方を行わずに放置したということです。「生涯学習」概念の下では、市民が仮に「患者相当者」であったとしても、彼らの自己診断と自己処方に任せて放置することが正しいということになるのです。

現に今、日本は高齢社会に当面し、団塊の世代が続々と退職しています。医療費も介護費も高騰を続けています。高齢者が活力を失えば、当然、高齢社会も活力を失います。高齢者の老衰を防止し、彼らの社会的活力を支える強力な教育政策を打つことは誰が考えても普通の対処法ではないでしょうか。しかし、「生涯学習」概念の建て前が立ちふさがっているため、社会教育は適切な「処方」政策はとれませんでした。学習の主体は学習者自身であり、学習内容は市民が自由に決めるものであるという「生涯学習」概念の「建て前」は社会教育が教育機能を発揮することを事実上封じているのです。

もちろん、高齢者が健康で生き甲斐ある日々を過ごしているのであれば、それはそれで生涯学習の成果であると言えるでしょう。しかし、公民館は、現実には趣味・お稽古事をはじめ個人の実益を追求する比較少数のリピーターに占拠されています。地域に暮らす高齢者の一体何割が生涯学習から活力を得ていると言えるのか疑問です。

生涯教育を生涯学習と言い換えて学習者の選択権を過信したことは高齢社会の重大な間違いでした。同じことは学校外の青少年教育にも当てはまります。生涯学習の発想を幼少期の基本訓練に適用した時、学校外の教育プログラムは子どもと家庭の選択に全面委任されることになりました。「子宝の風土」の過保護環境の中で、幼少期の基本訓練を子どもと家庭の選択に全面委任したことは「社会教育の自殺」に近い政策でした。共同体の衰退と平行して、子ども会も、青年団も、婦人会も、PTAですらもが衰退を続けています。地域の教育力は消滅か、消滅寸前なのです。

その事実に気づかないかのように中央の教育行政は、改正教育基本法に「家庭教育の自主性」を尊重する文言をうたいこみました（第一〇条）。市民の自主性の尊重は政治民主主義の鉄則ですから、教育に政治民主主義の理念を持ち込めば、教育基本法にもそのように書かざるを得なかったのです。「教育必要」の観点から考えれば、何と無謀な判断でしょうか！　改正教育基本法の文言を鵜呑みにする保護者がいれば、自らの学習権を盾にとって、もはや社会の教育論は家庭に届かないことになります。青少年教育の関係者も家庭の自主性に気兼ねしながらプログラムを編成せざるを得なくなります。

医療はもとより、どの職業分野の専門教育も研修も、受講生が受けるべき教育内容の診断と決定を「患者相当者」や学習者の自由意志に任せることはありません。「生涯学習」に限って、「患者相当者」や学習者の意志を全面承認したことは誠に無謀でした。高齢者や幼少年の人生を左右する重要事においてすら、教育効果が届かないような学習者の自儘を前提とする生涯学習論一辺倒の教育行政のあり方は、その副作用に鑑みて、無謀を通り越して誠に愚かな判断であったと言わざるを得ません。

社会教育を「生涯学習」概念に置き換えたことは、教育を時の政治権力や政策の支配から自由にするということが大儀でした。人間の一生にわたる教育を、時の政治権力がコントロールする可能性を残すことはけしからんというところが出発点だったのです。教育概念を忌避して学習に置き換えたのはそのためです。

しかし、医学になぞらえれば、患者の法律上の権利や尊厳を保障することと患者への治療上の指示・制約とは矛盾することなく共存しています。健康人の自由な判断と患者に対する処方や治療は両立して存在しているのです。医学の見地から、患者に対する専門家や病院による一定程度のコントロールはやむを得ないように、人間世界における主体性の一定程度の制約は事と次第によってはやむを得ないのです。生涯学習論は人々の生活に教育の診断と処方が不可欠になる状況が発生するという事実を見落していたのです。社会的な不適応や犯罪・非行などに対する教育的治療とか教育上の矯正という概念は極端ではありますが、その具体例です。病院が患者を放置することができないように、教育もまた「患者相当者」に対する教育診断と処方を放置できないのではないでしょうか！　筆者も遅ればせながら、ようやく、そうした単純な医療分野との対照が可能であるということに気づいたのです。

6　「生涯学習格差」の異常発生

従来から、社会教育は「三割社会教育」と陰口を叩かれてきました。国民の学習権から見ても、社会教育に強制力は存在しないからです。逆立ちしても、社会教育の集客力はパチンコ屋さんにはかなわなかったのです。しかしながら、従来の社会教育行政や社会教育活動には専門家集団が関わっていて、学習における「個人の要求」と「社会の必要」のバランスをとるように常に心がけてきました。特に、公金を投入する社会教育政策においては、時代が何を必要としているか、個人に不可欠な適応・学習課題は何かが最重要課題として問われ続けてきました。しかるに、「個人の要求」と「社会の必要」のバランスの課題を軽視し、時に、無視するに至った根本原因こそが社会教育の生涯学習への転換でした。

生涯学習は市民の選択権をほぼ無条件に受け入れ、学習するか否かの選択も、何を学習するかの判断もすべて市民に委任しました。このことは中身の選択にとどまらず、学習が必要か否かの判断も市民に委ねたということです。医療にたとえて言えば、健康人も病人も区別なく、健康管理や養生を本人の判断に委ねたということです。

生涯学習の普及・浸透につれて、人々の学習は教育行政や専門家の関与すべき問題ではないという社会的雰囲気が醸成されました。社会的条件の変化が著しい時代において、市民の「学習必要」を放置したということは直ちに重大な副作用をもたらしました。「学習を選択した者」と「しなかった者」、「適切な学習内容を選んだ者」と「選べなかった者」の違いは人生の質の格差を生み出したのです。それが「生涯学習格差」です。まず、知識格差が発生し、情報格差も、健康格差も、交流格差も、生き甲斐格差も発生しました。一概には言えませんが、「生涯学習格差」の多くは個人の幸・不幸の格差になったことは容易に想像できます。

間断なき変化の時代に、必要なガイダンスを受けることなく、社会的な適応に失敗すれば個人の人生にも、社会の福祉システムにも重大な支障が生じます。生涯学習の前提は、学習者は「成熟した市民」であるということだったはずですが、その前提は希望的観測に過ぎませんでした。教育上の勧奨または干渉を排して、市民の自由な学習に任せれば、活気ある生涯学習社会が実現するという期待は幻想でした。生涯学習者が学習の成果を社会に還元して、生涯（学習）ボランティアになるだろうという期待も幻想でした。自由な学習の代償として必然的・不可避的に発生したのが「生涯学習格差」だったのです。市民の間の生涯学習格差は日々拡大しつつあり、深刻な状況です。特に、「教育診断」の必要な「患者相当者」において「教育処方」が不在であるということは、本人にとっても社会にとっても重大であり、見過ごすことはできません。

7　生涯学習の自己責任論——政治・行政の不作為に対する免罪の論理

生涯学習の選択結果として発生する格差の責任を個人に帰すること、すなわち自己責任は個人に選択を委任することの裏側で発生します。「生涯学習の主役は皆さんです」、と言って学習権を市民に渡したということは、建て前上、政治にも行政にも学習の失敗の責任は発生しないということです。

個人の選択の結果として「生涯学習格差」が発生したとしても、自己責任が原則である以上、国も地方自治体も政策の責任を感じることはありません。突き詰めれば、「あなた方が自分の好きなようにやった結果です」と言えば、制度的な結果責任論は発生しないのです。しかし、個人が適切な生涯学習の適応行動を選択しなかった（できなかった）からといって、政治や行政は市民の自己責任を問うことができるでしょうか？　国民は自らの必要課題に対処する専門的な助言や施策のために税金を払ってきたのではないのでしょうか。

これが医療の問題であれば、仮に病気の原因が患者本人の生活習慣にあったとしても、患者に責任があると突き放すことは、決してあり得ることではないでしょう。生活習慣病の大部分はもちろん原理的に本人の自己責任です。だからといって病気の悪化が予想される患者に対して、あなたの責任ですから自分で何とかしなさいと言って放置する医師がいるはずはないのです。ひとたび患者となった病人を放置することは倫理上、医療がとるべき思想でも姿勢でもないことは言うまでもありません。

しかし、国の教育行政も、その指示に従った地方の社会教育行政も、ごく少数の例外を除いて、未だに「生涯学習」概念に修正を加えることなく「患者相当者」を放置したままです。高齢化への対応も、幼少期の学校外教育も、子育て支援における発達支援も、学習者本人や家庭に任せて、「教育処方」や「教育的補完」の必要をほとんど無視し続けています。保護者の多くが共働きになった現状でも、日本の政治は、福祉と教育のタテ割り行政の修正を行わず、結果的に保育機能と教育機能の統合も全く進んでいません。それゆえ、保育はいわゆる「お守り」をするだけにとどまり、幼少期の発達支援を想定した教育プログラムはほとんど存在しないのです。行政からも、学校からも、「家庭よしっかりせよ」というメッセージばかりが発せられています。共働きの家庭が増えれば、保護者が留守がちになるのは当然であり、家庭の養育・教育機能が低下するであろうことは自然の成り行きです。国は、一方で、男女共同参画を現代の最重要課題と位置づけ、女性の就労や社会参画を奨励しながら、他方で、家庭の教育機能の低下を教育的に補完しようとしないのはいかなる判断に基づくのでしょうか？　政治や行政による「生涯学習格差」や幼少期の「発達支援格差」などについての現状診断と処方は一考する余地すらありません。

8　免罪証明としての「現代的課題」の提案

医療がそうであるように、教育もまた必要な教育課題についての診断や処方を必要とすることは当然です。中央の教育行政は、国民の自由意志のままに放置してきた生涯学習の危険性に途中で気づきました。気づいた結果の対応策が「現代的課題」の提起でした。しかし、「現代的課題」の国民への提示は、学習者を放置した責任を自ら免罪する機能を果たしたに過ぎないのです。生涯学習のメッセージは、原理的に言えば、子どもに「何でも自由に選んで遊んできなさい」と言うのと同じです。そして、付加された「現代的課題」の提起は「ただし、宿題もやったほうがいいですよ」と付け足したのと同じです。

宿題を推奨したところで、生涯学習の主要メッセージである「どうぞご自由に何でも選んで学習して下さい」という原則は変わりません。「生涯学習」概念は、その出発点において、「現代的課題」を選択しない自由も保障しているからです。「皆さんの思うように自由にやって下さい」というメッセージを発しながら、他方で、「今日の『現代的課題』はこれです」と提示したところで「負荷の大きい学習」を誰が選ぶでしょうか！　学習を「楽習」と振ったごとく、市民の意識が楽な方に流れれば、負荷の大きい「建て前」を選択する人はいなくなります。

プログラムを提供する社会教育の職員の側にも、市民の望む以上のことを、無理をしてまでやる必要はないのではないかという本音と建て前の分裂が起こります。生涯学習に看板を掛け替えた社会教育は、「負荷」の大きいプログラムはもちろん、市民の望まないことはしなくなったのです。頻発する青少年の不適応問題にも、体力や耐性の低下にも、生きていく上での各種重要な体験の欠損にも、効果的な対応策を提起することができなかったのはそのためです。

高齢者の場合、住民の要求のみを汲み取った生涯学習の結果はさらに深刻でした。住民が望んだ平均値のプログラムは「パンとサーカス」に集約され、「安楽余生」のライフスタイルに堕する結果となりました。(*)生き甲斐の喪失、定年うつ病、定年アルコール依存症、孤立とひきこもりなど高齢者の問題状況は、退職・引退後の健全な活動の欠如に起因しています。しかし、一方で、従来の社会教育行政も社会教育施設も、生涯学習が掲げる「自由の壁」にはばまれて、原理的に、高齢者の意志や欲求に反する教育処方を実行する積極性を欠くことになっていったのです。「生涯学習」概念は手つかずに放置されたので、「現代的課題」の学習は結果的に教育的ガイダンスにも処方にもなり得ませんでした。「現代的課題」は結果的に行政の不作為の「免罪符」の役割を果たすだけに終わったのです。

現代日本の生涯学習の仕組みを考えた時、高齢者教育にしても青少年教育にしても教育の失敗はすべて個人の不幸と社会の負担にはね返ってくることに気づきます。診断と処方のない医療を想定してみれば、診断と処方のない教育もまたいかに危険であるか想像に難くないでしょう。

＊拙著『安楽余生やめますか、それとも人間やめますか』学文社、二〇一〇年

9 義務教育学校の論理的排除

生涯教育の体系の中には当然あらゆる学校が含まれていました。高等学校や大学が公開講座を実施し、生涯教育センターを設置したのは、これらの学校もまた市民の生涯教育の一翼を担うことが国の教育政策になっていたからです。昭和五六年、中央教育審議会は日本の教育システムを生涯教育理念のもとに編成することを答申していたのです。しかし、臨時教育審議会答申（昭和六二年）以降、生涯教育は生涯学習に置き換えられ、学習の中心に「市民の選択」が位置づけられた結果、「一人前」の選択能力を認められていない義務教育学校の児童・生徒は生涯学習概念の外に置かれることになりました。学習選択権を基本とした生涯学習論の論理的必然です。生涯学習は教育

における国民主権論ですから、原則的に学習の選択権を認められない義務教育学校の児童・生徒が生涯学習と関わりを持たなくなるのは当然の帰結でした。義務教育学校は社会教育との連携も地域との連携もその必要性の根拠を失うことになったのです。その結果、学校の閉鎖性はますます強まり、「教科学習」を基軸とした学校経営が支配的になって、「学社連携」も地域との協力も長く停滞が続いたことは関係者の周知するところです。地方の教育行政は、市民に対しても学校外の青少年に対しても教育に力点を置くプログラムの試行を封じられて、「学社連携」も地域の学校としての条件整備も、方針提示もほとんどできませんでした。それゆえ、「子どもの居場所」事業に学校が関わることはなく、「学校支援地域本部」事業も学校が地域のために動くという発想は皆無に近く、学校が学校の都合のために、地域の教育資源をつまみ食いをすることに終始したのです。

子どもが当面する諸問題の大部分は学校外で発生します。特に、家庭と地域で発生します。学校は家庭を取り込み、社会教育と連携して地域に貢献し、その結果として、地域の教育資源を組織化していかない限り問題の解決は難しいでしょう。改正教育基本法にうたわれ、教育行政が口癖のように言う「学校・家庭・地域の連携」は、「学習の連携」ではなく、「教育の連携」を意味しています。教育の連携とは、子どもを育む各種の社会的組織が、それぞれの教育資源を組み合わせて青少年問題やコミュニティ教育に立ち向かうという意味ですが、教育機能を忌避しておいて家庭や地域を教育のために立ちあがらせることなどできるはずはなかったのです。義務教育学校が当面する諸問題に家庭と地域が連携して立ち向かうためにも、「生涯教育」概念を復活させて、生涯にわたった教育体系の中に学校を取り戻すことが喫緊の課題なのです。

10 「保教育」の空白

筆者は「豊津寺子屋(*)」の実践以来、保育と教育の機能統合を「保教育」と呼んできました。保育も教育上の発達支援も子育て支援プログラムの中で同時に提供するという意味です。

男女共同参画を国の方針に掲げ、青少年の健全育成を児童福祉法（第六条）でうたって、学童保育を政策としながら、幼少期の教育と福祉は、行政のタテ割りと相互排除的な「たこつぼ化」によって、その中身と機能は一向に改善されていません。子どもの保育と教育は分裂したままです。とりわけ、教育行政は男女共同参画の背景となる「保育」の事業に冷淡であり、福祉行政は幼少期に外部保育を必要とする子どもたちの発達支援ニーズに鈍感で無知でした。

学校が税金で建設された教育施設を占有し、同じ学校に在籍する児童の放課後の活動にすら学校施設を提供することはほとんどありません。また、学童保育が行政上の職務分掌を盾にとって、重要な発達期にある子どもの安全管理のプロセスに教育プログラムを導入することを頑として拒否し続けている事実も明白です。

現行システムに行政区分上の役割分担があることは重々承知していますが、時代は刻々と変わりつつあるのです。議会は何をしているのでしょうか。地方政治の執行部は何を考えているのでしょうか。

今や、共働きの家庭は若い世代では普通になりました。そうなれば、保育を必要とする家庭は、育児により以上の教育的補完を必要とすることは当然でしょう。共働きの家庭に子どもとの接触機会が薄くなることは明らかであるにもかかわらず、政治も行政も保育の中に教育プログラムを導入する気配はありませんでした。幼保一元化は建て前ばかりの議論がメディアに登場するだけで、両者を調整する現実的な政治プロセスは見えませんでした。

幼少年教育に携わった者は、保育のない教育などあり得ないことを知っています。逆に、保育に関わった者は教育のない保育などあり得ないことを知っているはずです。学童保育についても事情は同じです。少子化の結果、生産人口が減少することは明らかになりました。女性の社会参画と就労がそれを補うことが期待されるところです。女性が社会に出られる条件をつくらなければならないのですが、そのためには、安心して子どもを産むことができ、安心して子どもを育てることができる仕組みが前提になります。少子化を防止するのも同じ条件が必要になるはずです。

学校や社会教育の幼少年プログラムは、保育との分業を隠れ蓑にして、養育の社会化や男女共同参画にはほとんど全く関心を示しませんでした。また、文部科学省と厚生労働省の両大臣が合意したはずの「放課後子ども教室」事業においても「保教育」はほとんど実現しませんでした。その理由は、主として学童保育指導員の失職の危機意識を根源とする抵抗のゆえであるとは各地の関係者から聞いた話ですが、政治や行政が彼女ら（彼ら）の危惧の払拭のために然るべき手を打たなかったのはまさしく不作為の典型でした。教育と統合できない学童保育は子どもを限られた空間に閉じ込めて、少数の指導員が管理だけしているのが実態です。

教育でも保育でも、関係機関の責任者は実情を知っているはずです。なぜ、見て見ぬふりができるのでしょうか。学校外の子どもも日々人生の重要な成長期にあることを忘れてはなりません。

保育は、留守家庭の子どもの世話を保育に限定して発達支援プログラムを導入しようとしないのです。福祉行政の無知と怠惰と不作為は目に余るものがあります。そしてシステム上保育と教育が分離されているがゆえに、学校は決して学童保育を応援することも、保育のためその広大な教育施設を開くこともありません。結果的に、教育行政も学校も、現代日本が優先課題としている問題の解決に必ずしも積極的であるとは言えず、保護者や地域に十分貢献しているとは見られていません。教育行政や学校の独善と不作為も目に余るものがあるのです。

＊拙著『子育て支援の方法と少年教育の原点』学文社、二〇〇五年。福岡県旧豊津町が行った男女共同参画のための「全日制」の学童「保教育」支援事業。百数十名の住民高齢者が指導者として活躍し、文科省の大臣表彰を受けました。

11　高齢者の放置と放任――「高齢者の潜在能力」の浪費

地域の共同体が崩壊し、少子・高齢社会が到来し、高齢者福祉の予算が膨張し続けているにもかかわらず、関連行政は高齢者の活躍の舞台の創造にも、交流のプログラムの提起にも、幅広いボランティアの養成・勧奨にも失敗しています。高齢者の教育は、生涯学習に置き換えられて放任の状態にあり、まだ元気も意欲も失っていない高齢者の潜在能力は大量に放置されたままで、社会貢献の意欲やエネルギーは実践のステージを見出せないでいます。高齢者を教育的に放置している元凶は「生涯学習」概念です。また、高齢者の潜在能力の発掘ができずに、浪費している元凶は高齢者を一方的に社会的な弱者と見る福祉行政の保護思想です。

医学はすでに「廃用症候群」(*)の危険性を説き、スポーツ生理学は人間機能の維持には適切な負荷が必要であることを証明しています。しかし、現状の高齢者に関する政策の多くは保護に偏り、高齢者の活力の開発と維持のプログラムに失敗し、高齢者の潜在能力をほとんど全く社会参画や社会貢献に生かすことができないでいます。老人学級や高齢者大学の多くがリピーターの趣味と実益一辺倒のプログラムに限定されていることは周知の事実であり、福祉のプログラムの多くが保護と世話に偏った「安楽余生」のプログラムであることも明らかです。

退職や子育てが終了した後の人生はいわば二度目の人生です。二度目の人生の理念はすでに日本の法律に存在しています。老人福祉法(一九六三年)の第三条がそれです。

①「老人は老齢に伴って生じる心身の変化を自覚して、常に心身の健康を保持し、または、その知識と経験を活用して、社会的活動に参加するように努めるものとする。」

②「また、老人は、その希望と能力とに応じ、適切な仕事に従事する機会その他、社会的活動に参加する機会を与えられるものとする。」

最大の問題は、中央も地方も政治と行政の実践が貧しく、老人福祉法の理念を具体化できていないことです。筆者の高齢者教育への提案は「読み、書き、体操、ボランティア」のプログラム化です。身体を使い、頭を使い、気を使って「適切な負荷」をかけ続けることが心身の機能の維持の秘訣です。高齢者個人にとっても社会にとっても、なかんずく重要なのはボランティアです。その時、不可欠になるのは、高齢者の活動への動機づけと活動成果の検証であることは言うまでもありません。動機づけの具体的方法は、高齢者の活動を奨励する法令の整備です。ボランティアを振興する法律のモデルはすでにアメリカなどで整備されています(**)。高齢者が社会に参画し、社会的活動をする際の「費用弁償」の制度上のモデルも存在します。日本の社会教育には、高齢者をお招きするステージと社会貢献の場を準備し、「社会を支えている構成員」を顕彰するシステムが不可欠なのです。具体的には、「ボランティア・プロデューサー」や「ボランティア基金」や「ボランティア顕彰」の仕組みが考えられます。高齢者の活力を維持し、生き甲斐と交流を支援し、彼らの経験と知恵を社会への貢献に生かすためには、保護政策ではなく、高齢者の社会貢献力を重視したボランティア活動の奨励策が有効なのです。

＊英語は disuse syndrome です。使わない機能は使えなくなるという意味です。一般的には、負荷をかけない状態が長く続くことによって心身の機能が低下するという意味です。

＊＊ボランティア振興法（Domestic Volunteer Service Act, 1973）、またコミュニティ・サービスに焦点化したコミュニティ・サービス法（National Community Service Act of 1990）も制定されています。

Ⅱ　地域の教育診断と処方

Ⅱ-1　「地縁の共同体」から「志縁のコミュニティ」へ
――格差社会、無縁社会、少子・高齢社会の未来戦略

永渕　美法

1　問われていることは何か

(1)　地域課題解決のための志縁コミュニティの形成

地域教育力が落ちたと言われて久しく、最近では、「無縁社会」という流行キーワードがマスコミを賑わせています。ウィキペディアによる定義は、社会的条件の変化と人々のライススタイルの激変が絡み合った複合的な説明になっています。いわく、「無縁社会」とは、「急速な競争と資本主義が行きつき、かつて存在したような日本の社会構造であった生涯雇用制度の崩壊をはじめ、長引く不況や少子・高齢化、女性の社会進出によるかつての結婚に

対する若者の意識の変化、地縁血縁社会の崩壊、個人情報保護法によるプライバシー保護の厳格化、核家族化社会による家族や社会とのコミュニケーションのできない、したくない若者・中年層の急増などもろもろの要因が重なり合い、かつて存在した地域社会のつながりはなくなり、単身者はますます孤立しやすい社会」です。

誰も、無縁社会の到来を望んでいなかったと思いますが、伝統的共同体の息苦しさを嫌い、豊かさと自由を求めた私たちの生き方の帰結が共同体の崩壊でした。社会を変えて来たものは、われわれの欲求でした。「昔は良かった」と伝統的共同体の絆の強さを懐かしみ、無縁社会の現状をかつての伝統的共同体に戻そうとする考えもあります。しかしながら、われわれ自身が望んで変えて来た共同体が元の共同体に戻ることはないでしょう。なぜなら、共同体の崩壊によって、失われたものも多かった一方、個人が求めて得たものも多く、誰も「得たもの」を捨てて元の共同体に戻ろうとはしないからです。

自由を得た個人は以前の日本人ではありません。女性も、家族も、共同体を越えたつながりをもつグループやサークルも、人々の価値観も暮らしのスタイルも変わってしまったのです。無縁社会の定義に示される多くの課題を抱えながらも、すでに後戻りすることはできないのです。

解決策は新しい生き方を求めて前に進むしかありません。筆者は解決の新しい方向を「地縁共同体」から「志縁コミュニティ(*)」へと表現してみました。「無縁社会」の現象は共同体の「縁」が消滅した後、人々をつなぐ新しい絆の原理が創り出せていないことに起因しています。それゆえ、志縁コミュニティをめざすということは、換言すれば、伝統的共同体から、学習や活動を通してできる「知縁」「志縁」を核としたネットワーク社会への転換をめざすことだといえます。地域課題を地域の一斉行動や全員による共同行動で解決する時代は共同体の崩壊とともに終わり、これからは課題別に、そのことに興味・関心を持つ人々の活動を支える「考え方」や「志」をつなぐネットワークが社会を支える基盤になるのではないでしょうか。

しかしながら、近年の生涯学習が証明した通り、趣味・教養の学習や机上の学習の延長線上に、人々の協働や志縁が生まれるわけではありません。

志縁は「志」を行動に移す積極性の中から生まれます。上述の通り、課題別に興味・関心を共通に持つ人々の活動を通して生まれます。自分たちの共通の課題を認識し、その課題を解決すべく立ち上がり、同じ方向を見すえ、同じ釜の飯を食い、さまざまな障害をともに乗り越え実践し続ける時、志縁は生まれるのです。個人の趣味・実益の学習に限定された受動的な生涯学習からは志縁を生み出せなかったのはそのためです。社会教育は、人々の中に、はたして地域課題に関心を有する人々を生み出すことができるか否か、それが問われているのです。

＊ここで地縁社会とは既存の町内会や自治会のように行政が区分けした、居住単位を意味し、共通項は同じ地域に住んでいるという事実です。これに対して志縁コミュニティとは地理的空間的区分を意味しません。志の縁でつながった共同の仕組みや共生の人間関係を意味しています。地理的空間的には第一次生活圏、小学校区ぐらいの範囲が基本になるでしょうが、車社会の移動可能性を考慮すれば、第一次生活圏と第二次生活圏の間、小学校区から中学校区の間ぐらいを想定しています。

⑵ 拡大した各種「格差」にどう対処するか

国民の活力を維持し、意識を変革し、行財政や技術の改革を進めるのも、子どもを一人前に育てるのもすべては教育が鍵になります。しかし、変化の時代は、同時に、経済格差、地域格差を筆頭に、「学習を継続する者」と「学習を選択しなかった者」との各種の格差も広がるばかりです。具体的には、学習の成果の有無は、情報格差、知識格差、健康格差、交流格差、生き甲斐格差など「生涯学習格差」と呼ばれる現象として発現します。

生涯学習格差は、物的貧困を越えて、生き方の根底をなす人生に対する認識や考え方にさえも格差をもたらします。それゆえに、生涯教育を最も必要としているのは、現在生涯教育機会の届いていない人々、生涯学習の必要を自覚していない人々と言えるでしょう。特に、発達途上の未熟な子どもたち、また、意識的な学習・運動・社会参加をしなければ、健康・頭脳・情緒などの活力維持が難しい高齢者を中心に、直接的支援をしていくことが求められているといえます。

しかしながら、財源の厳しい今、従来通りの分業で、課題別、分野別の対応策を講じる余裕はありません。一石二鳥ならぬ、「一石数鳥」を狙う分野横断型の総合的・複合的戦略とアプローチが必要になります。中国・四国・九州地区生涯学習実践研究交流会の過去の発表事例には、未来につながる優れた事例が数多く含まれています。本稿は、それらの分析を踏まえて「未来の必要」を提言しようとするものです。

(3) まずは発想と視点の転換を！

① 保護だけでなく、社会参画へ

従来、わが国の政策は、子ども・高齢者を総じて保護の対象として認識してきました。結果的に、子どもや高齢者を対象とした教育・福祉の政策から、彼らの社会貢献の可能性を引き出そうとする視点が抜け落ちていました。少子・高齢社会の到来を期して「保護」から「参画」への視点の転換が不可欠だと考えます。

発達途上の子どもが「生きる力」をつけるために適切な運動、学習、社会参加のトレーニングを必要とするように、生物学的老衰の過程をたどる熟年者もまた「生きる力」を維持するために、運動、学習、社会参加のトレーニングを必要とします。しかし、実際の子どもや高齢者に対する社会教育や福祉の施策は、保護に傾き、彼らの社会的活動のプログラムは貧弱の極みと言って過言ではないでしょう。それゆえ、高齢者自身も、自己のトレーニングにあまりにも無自覚で、衰える身体や先細りする人間関係に対してほとんど無力と言わざるを得ません。学校や社会教育における子どものボランティア活動のプログラム化やその準備教育もほとんど無いに等しい状況です。個人の発達課題を考えても、あらたな「志縁コミュニティ」への移行を目標とするならば、子どもや高齢者を保護の範疇に閉じ込めることをやめて、社会の構成員として位置づけ、社会参画の対象として働きかけることが必要になると思います。

②行政のタテ割り分業から分野横断型の総合的アプローチへ

地域課題がますます複合化している現在、行政が従来の分業システムにこだわり、単独の部署で課題別対策を考えるのでは、到底総合的なアプローチはできません。行政の都合で仕事を分けるのでなく、課題の性格に応じ、支援を不可欠とする人々のニーズに合わせて、サービスを提供する発想が必要になると思われます。おのずと、分野横断的・総合的に機能するシステムが必要になります。特に、将来の生産力の衰退を防ぐための少子化防止策事業、子どもを一人前に育て上げる学校と社会教育の連携事業、熟年の活力維持と社会参画を推進する事業、女性の社会参画と就業支援のための事業等々は、従来のタテ割り分業に基づく単独部署の発想で到底対処できるはずはないのです。

2　未来の必要——採るべき政策はなにか

(1)　未来の必要1——実践型地域リーダーの養成

①地域課題解決に取り組む活動者の空白

志縁コミュニティを担うのは自覚的活動者であり、地域課題に関心を持つ実践者です。これらの人々が志縁コミュニティのネットワークづくりの核になります。しかし、現状では、この種の人々の養成事業は極めて貧しい状況にあります。地域課題解決に取り組む活動者の空白が長く続いているのです。空白を埋めるためには、行政が「社会・地域の必要課題」解決を目的とした「実践型人材育成研修」を充実することが課題になります。地域に「潜在する人材」を「顕在化」することこそが、想定される「志縁コミュニティ」づくりの中核事業になると考えられるからです。財源縮小時代にあっては、「困ったことは『お上』が解決してくれる」という行政依存型の発想が立ち行かなることは明白です。

今、行政の為すべきことは、住民をエンパワーし、自助・共助の力を有する住民を育てることではないでしょうか。地域の課題を自分たちの力で解決できるようにするということは、自助力、共助力の向上を支援することです。具体的には、第一に、住民自身が自分たちの力で地域の課題を認識し、共有する力を育てること、第二に、課題に対処する戦略を企画・立案する力を育てること、第三に、企画を実行する力をつけてもらうことです。その際、「戦略を実行、定着させるためのプロセス」を実践的に学ばない限り、実際に役立つ人材を育てることはできません。

このような視点から考えた時、これまで行政が発想した「座学」中心の人材養成講座は不十分だったと言わざるを得ません。「机上での学び」と「実際にやってみること」の間には大きく、深い溝があるにもかかわらず、机上で学んだ後は「自分たちで活動につなげてください」と放り出してきたと言ったら言い過ぎでしょうか。すでに活動経験のある人ならばいざ知らず、何か始めようと一歩を踏み出した人に対して、「座学」のオリエンテーションだけで実践を促すというやり方は配慮が足りなかったと言わざるを得ません。現に、社会教育が育てるはずの地域の活動をリードする人々が育っていないことが何よりの証拠ではないでしょうか。

地域共同体が健在であった時代の地域には、子ども会や青年団、婦人会、老人会など、学習の成果を地域貢献に還元できる団体がありました。それゆえ、各団体が推薦する代表者にリーダートレーニングを行えば、彼らは戻って直ちに活動を共にできる仲間も機会もありました。しかし、現代は違います。共同体の崩壊と同時に、地縁を前提としたそれらの団体がなくなっているからです。それゆえ、社会教育は、それらに代わり得る活動者・グループを育て、地域の課題に取り組む実践力を養成することが求められているのです。

②実践に見る活動者養成の試行錯誤

ア　行政が行う計画的「実践型人材養成」

第一の事例は、行政が明確に「社会の必要課題」解決を目的とした実践型人材を育てることを目標とした事業です。

座学中心の人材養成研修の限界を反省し、実践を必修とする人材養成研修を打ち出したのは山口県生涯学習推進センターの「山口県プランニング・マネジメント研修」と、のちに山口の実践をモデルとした北九州市の「若松みらいネット」研修でした。両事業は、人材育成の前提条件として「実践」を明確に意図した研修であり、これまでの机上で行う講座とは一線を画するものです。実践力は、実際に実行してはじめて身につく力です。この研修では、研修の一環として、地域の課題に対応した実践活動を現実社会の中で自らの企画立案において実践することを義務付けています。つまり、研修の全プロセスを「実践」に焦点化し、企画から実践までをすべて研修生が行うことになります。講師はその実践の現場にも立ち会い、問題解決をサポートし、実践が実現できるよう応援し続けます。結果、一年サイクルの研修が終わるころには、研修者はすでに実践者となり、経験を重ねることになります。本事例の思想と方法については、本書Ⅲ-4の大島・赤田論文「社会の必要課題に対処する実践型人材育成研修の論理と方法」が詳しく分析しているのでご参照下さい。

イ　なぜ社会教育には「On the Job Training」の発想が定着しないのか

本稿が取り上げた実践型人材育成研修と従来の座学研修の最大の違いは、研修に取り入れられた実習・実践の質とメンバーにかかる負荷の程度です。座学研修は実践者の養成を目的に掲げていても実際の実習・実践すら準備されていないのが大部分です。また、実習を取り入れた研修でさえ、その多くは企画者側がすべてお膳立てした負荷の小さい準備実習に過ぎませんでした。それに対して、本稿の言う実践型人材育成研修の「実践」とは、現実社会の中の課題と向き合い、一から自分たちで環境を整え、活動を生み出すという負荷の高い実験的な体験なのです。本物の社会参画体験と言うことができるでしょう。子どもに「本物体験」をというスローガンを聞きますが、まちづくりに関わる活動者を養成しようとするならば、大人にも本物の実践が不可欠だと思います。活動者は常に本物実践によって鍛えられなければならないということは、あらゆる職業がOn the Job Training（以下ＯＪＴと略す）によって新人を鍛えている事実を見れば明らかです。しかし、現場に即した研修（ＯＪＴ）は、負荷が大きいだけでなく、訓練者の力量が問われます。社会教育行政はその二つを避けて来なかったでしょうか。行政が市民との協働を標榜し、まちづくりの活動者が必要であると声高に言いながら、活動者の養成研修をせず、行政自らが市民のＯＪＴを忘れているのは不覚であり、地域の教育力はもとより、問題解決能力の衰退を放置し続けてきたと言われても仕方がないと言わざるを得ません。体験教育が必要なのは、子どもに限らず、無縁社会の大人も同様にまちづくりの体験を通して志の縁につながるコミュニティの創造者になっていくものだと考えます。

ウ　まちづくりのＯＪＴが「志縁のコミュニティ」を育てる

長期かつ実践の課されている研修のため、最後までやり抜ける可能性の高い研修生を集めるのは容易なことではなく、研修企画の早い段階から、企画者は意識の高い潜在的研修生の発掘を優先しなければ事業は成功しません。発掘の鍵は、担当者の普段のネットワークにかかっています。自分がまちづくりに関心がないのに、まちづくりに関心のある人々を掘り起こすのは難題です。通り一遍の広報ではできないということです。ＯＪＴができないのも、活動が広がらないのも理由はそのあたりにあるのではないでしょうか。それゆえ、ＯＪＴを成功させる鍵は実践型人材育成研修を担える行政職員の育成にあります。

明らかに最近の社会教育行政職員の異動は早すぎます。じっくり地域の人材を発掘し育てる余裕がないだけでなく、行政職員自身が時間をかけてそれらの力量を持つことも難しくなっているように思われます。地域の課題を把握し、目標の設定、企画立案、実践まで指導できる力量をつけるためにも、実践型人材育成研修に参加し、自らがＯＪＴを体験することが早道と考えられます。現行のシステムでは、国や県が有能な研修担当者を養成し、その彼らが次に市町村の研修担当者を養成し、次に身近な市民活動者の養成という順序になると思いますが、現状を見れば明らかなように、これらのどのプロセスも機能していないのです。社会教育における人材養成の研修システムが機能していないと言っても過言ではないでしょう。

おそらく、実践型人材育成研修の主たる対象は、これまで何らかの社会教育活動を経験した方々になると思われます。高齢社会では、特に、生涯学習や社会教育に参加経験のある団塊世代が主力になるでしょう。彼らの多くは人生において、職業においてさまざまな経験を蓄積してきたことは想像に難くありません。

現在、公金を投入している高齢者大学、ボランティア養成研修等の内容を、実践型人材育成研修方式に転換することは重要なポイントになるでしょう。まちづくりの実践活動が具体化すれば、志縁の人間関係が強化されることは上記の実践事例からも明らかであり、そうした人々のネットワークが新しい「志縁コミュニティ」の中核になることも間違いありません。

さらに、大事なことは、高齢者の社会参画は何よりも個人の生き甲斐、居甲斐を強化し、活力を生み出すことにつながり、元気な高齢者は医療費や介護費の節減に直結していきます。保護の発想を基にした福祉の事業だけで高齢社会の諸問題を乗り切ることは不可能です。福祉による保護の発想と活動者養成の教育発想とを結合して、自助・共助の力のある市民を育てることができれば、最終的に国の活力につながっていくのではないでしょうか。

(2) 未来の必要2――高齢者施策を保護と社会参画の両面から発想する活力維持の総合プログラムの創造

① 退職者の危機

現在の高齢者に対する政策とシステムは、ごく限られた人々の趣味や教養、軽スポーツのプログラム等の提供に限られており、彼らの老後を支える生き甲斐や居甲斐、老化への心理的・身体的適応など熟年者の「生きる力」にまで配慮したプログラムを創り出せていません。

加齢とともに衰弱する高齢者には運動が不可欠であると政策的に明言されているにもかかわらず、生涯スポーツは一部の高齢者にしか届いていません。社会参加の活動が高齢者の交流や活力の維持につながるとわかっていても、高齢者大学や老人学級の高齢者向けプログラムは、限定的な対象者に趣味・お稽古事のプログラムを提供するにとどまり、彼らの社会参画の舞台を創造しようとする発想は極めて乏しい状況です。

福祉分野で行われている「介護予防」を目的とした「認知症予防教室」や「転倒予防教室」は高齢者の誇りや興味・関心に対する配慮も不十分で、ただ身体機能を鍛えるだけに終わっています。残念ながら、やり甲斐、生き甲斐、居甲斐につながる教育プログラムは意識されていません。

つまり、現行の貧しいプログラムですら「届くべき所に届いていない」こと、「必要なプログラムが創り出されていないこと」、そして、「高齢者の活力維持の方法に関しての思想・方法が欠如していること」が高齢者に関する最大の問題といえます。職業から引退した世代が、運動も活動もせず、他者との関係が希薄になった時、身体的衰退のみならず、精神・情緒の貧困化も進み、その急激な衰退がもたらす個人的、社会的不幸は明らかです。その結果、介護保険も、医療保険も、おそらくは若い世代の年金も財源が不足し、近い将来、現役世代と対立する可能性すらあります。

退職後、子育て終了後の高齢者を放置すれば、活力の維持も、老衰の抑制も困難になります。現状の高齢者には基本的に彼らを「保護の対象」と見るプログラムが圧倒的に多いのですが、彼らは知識、見識、経験どれをとっても、若者よりも優れています。したがって、高齢者の健康と活力を維持するためには、彼らの社会参画を前提とする「読み・書き・運動・ボランティア」のための総合的実践プログラムが不可欠であると言えます。「職業からの引退」とともに「活動からも引退」してしまう傾向のある団塊世代への対応は、社会貢献の発想こそが鍵になるのではないでしょうか。そして、子どもへの政策と同様、ここでもまた高齢者保護と高齢者教育の行政分業の壁が障害になっていると考えられます。高齢者に対するプログラムの提供も、従来のタテ割り分業の壁を排して、福祉分野で行われている介護予防プログラムと教育分野で行われている教育プログラムを統合する「プロジェクト」が必要です。具体的には、高齢者の最大の関心事である身体の健康を維持する「運動」、認知症を予防するための読み・書きを含む「学習プログラム」に加えて、「生き甲斐」「居甲斐」を創出する「活躍の舞台」「社交の場」を身近な場所に、継続的、総合的に創造することが最も大事です。以下は本大会で発表された高齢者を対象とした優れた総合的プログラムの試みです。

②学校と共存する高齢者教室――学校を舞台とするNPOシニアスクールと高齢者を受け入れた学校の英断

「NPO法人子どもたちとともに学ぶ教室シニアスクール(*)」は、「地域の人が常に学校内に、生徒と共存共学」を命題として平成一五年九月に開設されました。一中学校、二小学校の空き教室を利用して、週一～三日、原則として一日五時限(午前中四時限二・三教科、午後一時限)です。学校を舞台に選んだところに事業の最大の特徴があります。日常的に、子どもと高齢者の交流を演出することが「隠れたカリキュラム」になっています。履修科目は国語、社会、理科、音楽、家庭科、保健体育、英語であり、教科四～六名の講師陣(退職した教員や一般公募者)がおり、指導計画を作成して中学校程度の本格的な授業が行われています。子どもと同じ給食(有料)を食することも可能です。独自に研修旅行や遠足を実施するほか、学校行事である文化祭、運動会、学習発表会にも参加しています。年間一・五万円(週一回)～四万円(週三回)で運営されています。学校運営の仕事の役割も担い、朝の声かけ運動などを実施しています。受益者負担で、学校を舞台に選んだNPOも英断ですが、一般にその閉鎖性が指摘されている学校が、日常的に高齢者を受け入れたということは大英断であったと評価されるべきでしょう。

＊藤井敏明(岡山市)「NPO法人子どもたちとともに学ぶ教室シニアスクールの過程と成果」第二五回大会発表資料、平成一八年

③延べ五〇〇〇人の高齢学習者を学校につないだコーディネート機能の重要性――福岡県「直方鞍手ふれあい塾」の卓越したコーディネート機能

「直方鞍手ふれあい塾(*)」は、福岡県教育委員会が平成一〇年度から始めた「ふくおか高齢者大学」開設事業委託要項に基づき開設された「直方鞍手高齢者大学」が母体となっています。現在は、「直方ふれあい大学」「植木ふれあい大学」も本事業推進に加わり、高齢者大学の学生を周辺の一六の小・中学校に支援者・指導者として派遣しています。塾生に期待されたふれあい交流は、教科(生活科、国語科、社会科、音楽科、体育科等)、クラブ活動、総合的な学習、行事、特別活動等多岐にわたっています。年間約四五〇回、のべ五〇〇〇人の派遣(平成二〇年度実績)

は、高齢学習者と児童生徒の交流が日常化していることを示しています。この事例の大きな特徴は、高齢者の学習と社会参画を学校支援の形態で同時に達成した事業である点です。高齢者を励まし、学校を説得して、高齢者が参画できる舞台を演出し続けたコーディネーターの抜群の調整能力がもたらした成果です。近年、文科省が提案した学校支援地域本部事業の原形を拓いた方法論と評価していいでしょう。もちろん、事業企画の原形を提示した県の開設事業委託要項に基づいた高齢者大学がすべて学校と高齢学習者のつなぎ方に成功しているわけではありません。むしろ、「直方鞍手ふれあい塾」の成功に比べれば、失敗の方が多いと言っても過言ではありません。文科省の学校支援地域本部事業も、その原形となった本事業も、学校と高齢学習者の「つなぎ方」と「つなぎ手」がいかに重要であるかを示しているのです。コーディネーターには、当然、人材活用の点からも、教員OB、社会教育経験者を想定すると思いますが、個人の調整能力に任せることなく、事業を委託する側が、高齢者の社会参画の意義と事業の趣旨目的を学校側に明確に説明し、高齢者の受け入れを勧奨しておくことがさらに重要であると思います。

＊森一郎（福岡県直方市）「高齢者の社会参加と世代交流舞台の創造～直方鞍手ふれあい塾～」第二二回大会発表資料、平成一五年

④全公立小学校を拠点とした高齢者教育の「学社連携」――福岡県飯塚市の「熟年者マナビ塾」に見る「活力」の創造

上述の二つの実践事例のすべての思想を取り入れているのが、福岡県飯塚市の「熟年者マナビ塾」（以下「マナビ塾」と略す）です。学校と公民館が連携し、市内二二すべての小学校の空き教室を利用して行われています。毎週一回、一回一〇〇円程度を高齢者自身が負担し、学校内の教室に自らの「看板」を掲げて登録した高齢者教室です。一限目は簡単な読み・書き・計算で脳の活性化を図ります。二・三限目は相互に教えあいながら幅広い学習活動を行っています。また、学校からの要請により、日常的に学習支援や行事参加を行っています。この事業の特徴は、高齢者の活力維持と学校支援を組み合わせて、社会教育と学校が連携したところにあります。事業を企画した

教育行政は、事業の目的を「学校支援」に限定せず、高齢者自身の「活力」に置いたことで岡山のシニアスクールと共通しています。学校を高齢者のために開放させたのも行政の明確な意志です。高齢者大学の多くの学習者が不満とする「なぜボランティアを強制するのか」という疑問は、学校に常駐する高齢者と日常の子どもや教員との交流の中で自然消滅していくのです。学校の中に設置されている「マナビ塾」と学校外に設定される高齢者大学の最大の違いこそが日常の交流です。日々の接触を通して教員は熟年者に依頼・相談が容易にでき、高齢者と子どもたちとの関係も継続的なものになります。飯塚市教育委員会、福岡県立社会教育総合センター、福岡県筑豊教育事務所の三者が共同で調査(*)した結果、「マナビ塾」の塾生は、「新しい課題への挑戦」、「日常活力の向上」、「交流関係の拡大」、「生き甲斐の実感」などすべての点で圧倒的な成果が認められました。

「熟年者マナビ塾」の設立の背景と経緯、思想と方法については、本書II-3の森本論文「少子・高齢化に対処する『学社連携』を基軸とする教育施策の思想と戦略」をご参照下さい。

＊益田茂「熟年者の活動が熟年者の活力を育む―飯塚市『熟年者マナビ塾』の存在意義―」第九〇回「生涯学習フォーラムin福岡」発表資料、平成二一年

⑤高齢者の活力維持政策の総合化

高齢者大学や老人学級のような従来の熟年者だけを対象としたプログラムは、上記の通り本稿が分析の対象とした総合的プログラムとは全く質が異なります。これまでの高齢者を対象としたプログラムは、参加者は基本的に受け身で、趣味やお稽古事の学習をするだけ、または運動するだけの存在でした。ところが上記の分析事例は、自分のためと社会のためのプログラムがセットになっています。もちろん、二つの目的は相互補完的です。つまり、自分たちのための活動が社会の役に立ち、社会の役に立つ活動が自分たちの活力向上につながっています。総合的プログラムと呼ぶゆえんです。

未だ実現していませんが、仮に近い将来、「マナビ塾」と学童保育とが連携し、保育と教育の機能を兼ね備えた

プログラムを提供できるようになれば、さらなる展開が期待できます。高齢者の活躍の舞台が広がり、その実態が社会的に顕彰されるようになれば、これまで無関心だった人々も地域の広報やメディアの報道によって触発され、新たなボランティアの発掘につながる可能性が高まるのではないでしょうか。高齢者には保護と貢献の二つの視点でプログラムの再検討が必要なのです。

本稿が取り上げた総合的プログラムは複合的目標を同時に達成するので、周りへの波及効果も大きくなります。活動的な高齢者で地域は活気づき、医療費は節約され、高齢者を仲立ちとして「学社連携」が実現し、子どもたちや先生方の意欲が増し、学校施設の開放も進みます。高齢者と子どもがともに過ごす空間は、多方面で得るところが多いと言えるでしょう。自立する高齢学習者は、自らの活力を向上させ、他の模範となり、周囲も恩恵を受けるのです。未来の高齢者向けプログラムは、公金投入の目的を吟味し、本人自身の向上と社会貢献を同時に達成し得る総合化の視点が不可欠なのです。

⑶ 未来の必要3——少年期のボランティア精神の涵養：子どもの他者貢献・地域貢献プログラムの重要性

① 欠如しているのは労働体験と社会貢献の発想

冒頭で論じた通り、この国の子どもと高齢者は基本的に保護の対象と認識され、彼らの社会貢献の可能性についての教育プログラムは極めて貧しいのが現状です。特に、幼少年に対しては「子どもたちのために社会は何ができるか」を中心として考えてきました。その結果、子どもたちはさまざまな活動において「お客さま」の位置に置かれ、彼らの活動は「受け身」にならざるを得なかったように思います。言い換えると、能動的に関わり、何かを創りだし、他者に感謝された時の充実感、満足感を体験させる機会を逸してきたといえます。

現在の問題点は、教育する側に、「子どもたちが社会のために何ができるか」という視点が欠如していることです。教育現場が、発想の転換を図り、子どもの現状に少し負荷をかけた勤労体験を課し、周囲が応援し続けるならば、子どもたちは社会の仕組みを理解し、人間関係のあり方を体得していくのではないでしょうか。社会貢献は、子どもの役立ち感や満足感を満たし、子どもの年齢、経験、力量に応じた役割を取得していくことを助けるはずです。

一昔前には、「貧乏という名の先生」が日本中におり、物質的にも身体的にも精神的にもがまんすることを自然に学べていました。ですから、特に意識してプログラム化しなくても、時代の環境が子どもの耐性を育てていました。その時代、子どもも家族の一員として働くことなくして食べることはできませんでしたから、他者への貢献や勤労も意図的に教えることなしに、働くこと、他者の役に立つことを学んでいました。しかし、「貧乏という名の先生」が時代の舞台から退場した今、意図的に耐性を鍛える場面をつくらない限り、勤労や他者貢献の欠損体験を補完することは不可能と言えるでしょう。学校教育においても社会教育においても、社会参加・勤労体験の欠損を補う教育プログラムは今後不可欠になったと言えるでしょう。

② 過疎の村の「教育必要」――「子どもヘルパー事業」

熊本県産山村は阿蘇山中の過疎の村です。産山村は教育と福祉が一体となり、村長の指揮下に子どもを高齢者の支援者と位置づけた「子どもヘルパー事業(*)」を創設しました。子どもたちは村長から任命を受けて、自分たちが村おこしの主体となり得ることを証明した事例です。「子どもヘルパー事業」は、子どもの地域貢献力に着目し、手が回り切れない過疎の村の高齢化対策の一環を見事に担いました。村における子どもの果たすべき役割を明示し、子どもたちの活動舞台を設定した慧眼こそ称賛に値するでしょう。「子どもヘルパー」は産山村の「教育必要」だったのです。

この事業は、小学四年生以上の子どもたちが「子どもヘルパー」として地域の高齢者・障がい者宅を訪問し、窓ふき、庭の草取り、室内の掃除など、相手の要望に応じた手伝いをすることを主たる活動としています。五～六人の班編成で、自宅近所の高齢者を訪問して活動を行っています。活動の過程で、支援する子どもと支援を受ける高齢者の間で人間関係が熟してくると、村が設定した時間外にも自主的に訪問する子どもがでたり、高齢者も子どもたちの「仕事」を準備して楽しみに待ったりするようになりました。子どもたちは自らの役割を自覚し、「ありがとう」と言われる喜び、人に役立つという体験を積んだのです。まさしく小学校の後半で社会的役割を分担して生きる「一人前の予行演習」を積んだのです。

事業の主催は社会福祉協議会ですが、教育委員会と学校の協力なくしては実現しませんでした。村全体が子どもの果たし得る役割とその必要性を理解したところが出発点です。福祉が提案し、学校が理解した「学福融合」の事業であり、村の子ども観を「保護を受けるだけの存在」から「保護と貢献の二つの機能を併せ持った存在」へと転換した象徴的な事例と言えます。家事機能が自動化され、外部化され、今や日常生活における子どもの手伝いは消滅しました。また、学校は教科教育こそが任務の中心と言うようになり、労働体験は中学校のキャリア教育の枠の中に閉じ込め、子どもが他者貢献・社会貢献する舞台を消滅させました。細々と続いて来た社会教育における地域貢献プログラムは塾や習い事の前に絶滅寸前です。大部分の日本の子どもは他者貢献も、労働体験も何一つ経ないまま成長しているのです。

＊井　隆博（熊本県産山村）「『一人前』の予行演習～ふるさと貢献に挑戦する『子どもヘルパー』事業～」第二一回大会発表資料、平成一四年

③青少年の対人・社会貢献能力の開拓――「孔子の里ジュニアガイド」の証明

佐賀県多久市には、儒学の祖・孔子を祀った多久聖廟があります。本事業はその歴史と魅力を観光客に紹介するために、小学四年生から高校一年生までおよそ五五人がふるさとの観光ボランティアとして活躍する「孔子の里ジュニアガイド」と命名されました。(＊)

毎月第二、第四土曜日の午前中、多久聖廟を訪れた人を対象に二五分ほどの歴史・文化解説の案内をします。すでに中学校期の体験を終了し、高校生になった一期生や中学生の二期生も都合がつく限り参加します。ジュニアガ

イドのトレーニングは、当然、社会性や対人コミュニケーションのトレーニングと重なっています。ガイドとしてデビューする前には、孔子の里ジュニアガイドスクールで六月~九月まで月二回の研修を受け、実際に周辺を巡りながらガイドの実習を行います。基本メニューは「あいさつ」をはじめとした礼節と応対、次は、「歴史・文化の内容」の理解、説明の「話法・技法」などと「ガイド実習」です。

これまで県内外から訪れた約二五〇〇人の観光客に、多久の素晴らしさを伝えてきました。ガイドをするという具体的な目的が明確であるため、子どもたちの学びは目覚ましいものがあるといいます。ある時、英語圏のお客様から英語で質問を受けた中学生が英語で受け答えをして、周囲の大人がびっくりしたこともあったそうです。

本事業は、学校教育が導入した「キャリア教育」に一部通じるものがありますが、活動の継続性、主体的に発揮できる機能と臨場感、人々から受ける感謝や賞賛の社会的承認、トレーニングに向き合う真剣さなど、子どもが「客」になる学校教育の「模擬演習」とは比較にならぬ教育効果があったと想像できます。このような特別課題こそは社会教育ならではのプログラムと言えるでしょう。

*田島恭子(佐賀県多久市)「多久聖廟『ジュニアガイド』にみる少年の地域貢献活動の成果と意義—『総合的な学習』を活かしたふるさと文化財の研修と観光交流の実践」第二六回大会発表資料、平成一九年

④ボランティア活動を目標とした少年教育——「ビッグフィールド大野隊」の自立支援プログラム(*)

広島県廿日市市の「ビッグフィールド大野隊」の子どもたちは、自分たちが稼いだお金を貯めて、中国・四国・九州地区生涯学習実践研究交流会に参加しました。後にも先にも大会への子どもの参加は初めてのことで、その是非を巡って実行委員会は大いにもめましたが、関係者のトレーニングの内容を確認して、子どもの参加を承認しました。大会では子どもたちも補助的な運営役割を果たすなど現代っ子の気まま自儘の問題行動はありませんでした。

「ビッグフィールド大野隊」の子どもたちは、広島県旧大野町子ども体験活動・ボランティア活動支援センター

を活動拠点としている子どもクラブです。およそ五〇名の小中学生が所属し、八つのボランティア・クラブに分かれて活動しています。たとえば、①美化ぴかクラブ（日常的に祭りやマラソンなど町のイベントの際に出動し活動しています）、②おもちゃのチャチャチャクラブ―キャラバン隊―（手作りおもちゃ、手作り紙芝居、手作りペープサートを保育園やなかよし会等で披露しています）など自分たちにできることで、人の役に立つことを活動の目標にしています。少年グループは「タテ集団」を形成し、上級生の指導が下級生に及び、卒業した後の子どもたちが高校生、大学生として支援し続けているのも活動期に形成された「絆」の強さを想像させます。

また、注目すべきは「自立」が重要な教育目標であり、自分たちの活動資金は、自作の漬物等を売るなどして調達しています。子どもたちの貢献を知っている地域が陰になり日向になって支援を続けていることは言うまでもありません。現在、崩壊の危機に瀕している子ども会などのモデルに成り得る活動ですが、通常の子ども会や社会教育の少年プログラムとの最大の違いは、少年の「社会貢献」を活動の第一に掲げて子どもを「保護」の対象と限定していないところです。

＊川田裕子（広島県廿日市市）「子どもが輝くまちづくりプログラムの創造と実践―『ビッグフィールド大野隊』は何を学び、何に挑戦したか」第二五回大会発表資料、平成一八年

Ⅱ-2 公民館のコミュニティ形成機能と住民参画の志縁づくり
――「勧興公民館―まちの駅」のコミュニティ戦略

関　弘紹

1　公民館の衰退――利用者の固定化とコミュニティ形成機能の消滅

(1)　公民館の「貸し館」化と利用者の「固定化」

公民館の利用者は固定化し、一過性の「自分のための活動」に限定されています。子どもの常連は、「総合的な学習の時間」で通り一遍の見学をする小学生、居場所づくりプログラムの少数の小学生です。その他は、趣味・お稽古事、娯楽・軽スポーツ、実益プログラム等自分のための生涯学習で貸し館として利用する高齢者を中心とする人々が大半になっています。「客層」はリピーターでほぼ固定化しています。今や、公民館の多くは勤労者、青年層、子育て中の若い親などを惹きつける努力を放棄し、これらの人々が必要とするプログラムの開発能力もないのが現状です。既存の公民館の多くには魅力も人気もありません。

多くの公民館は、地域全体の必要に応えることをやめ、自治会、子ども会、婦人会、体育協会、老人会あるいは既存のボランティア団体等の特定集団、特定団体の「要望」や「要求」に対応するのが精一杯で、限定された人々のための施設としてしか活用されていません。もちろん、これらの特定集団・特定団体が地域全体を網羅して、必要課題に対応していれば問題はないのですが、実態はコミュニティの形成どころか、それぞれの集団が「たこつぼ化」し、しかも地域社会の衰退と平行してそれぞれの集団自体の活動も衰退し、もはや回復が難しい状況に陥っているのです。行政も地域も関係者は公民館の衰退と不作為を十分知っています。「地域課題に取り組むべきだ」、「貸し館のままではだめだ」という建て前の「総括」も研究会や大会のたびに何度も行われて来ました。にもかかわらず衰退と不作為はなぜ続いているのでしょうか？

⑵ 館長人事こそが問題

最大の問題は公民館長人事にあります。組織も施設もそれを運営する「人」が決めるものであり、なかでも「トップ」が決めるものだからです。しかしながら、公民館長人事は学校長や県・市町村職員ＯＢの退職後の第二の就職ポストと化しているのが現状です。公募制が取られることが稀である上、採用に当たって社会教育施設に対する彼らの経営思想や過去の経営手腕が問われることは基本的にありません。公民館長は地域の経営に挑戦する新しい社会教育の職ではなく、名誉職に近いものになっています。名誉職館長は、机に座って公民館に集まってくる地域の有力者・地縁団体の役員のお相手さえしていればよく、新しい事業を開発する意欲や使命を問われてはいないのです。

現行の生涯学習は住民の自由意思を優先することを原理とし、前例を踏襲して地域住民のニーズにさえ応えていればよい、ということになるのです。限られた予算は固定客のために著名人や大学教授を呼んで消化されます。公民館を利用しないのは「利用しない人々」が悪いので彼らの自己責任であるという姿勢でいる限り、仕事は施設を〝安全に〟管理することと利用者の連絡・調整で終わりです。そのため、もしも乳幼児を連れた若い母親のグループや子育て支援グループ等が公民館を使用することにでもなれば、大声で泣いたり、走り回る、だだをこねる、食べ物に汚れた手や口であちこち触る、食べカスを落とす、よろけたり乱暴に扱って器物を破損するなど、「騒ぐ、汚す、壊す」の元凶であるとして、できるだけ利用して欲しくないと思っているのではないでしょうか。

家庭教育や子育て支援は、公民館の役割ではなく、福祉部局の仕事だと考えている公民館が、約半数にも上っているという現状は、社会教育の予算削減等と相まってさらに拡大するのではないかと懸念されます。

本当は、そのような場こそ、世代間交流があり、知恵の伝承があり、教育があり、公民館が教育機関として積極的に仕掛けをしていける絶好の機会ととらえるべきなのです。誰のための施設管理なのでしょうか。

(3) 公民館の社会教育機能の軽視

公民館が講座さえしていればよかった時代は終わったのです。そのことの意味を考えなかった公民館は、本来何をすべきなのかという意味づけが稀薄であったため、講座以外に何をしていけばよいか解らず、実質上、貸し館としてしか機能していないところも少なからず存在します。人員削減の結果というだけでは理解できないモチベーションの低さです。

このような結果を招いたのは、すべて政治と行政の社会教育機能に対する理解不足に帰因すると言えるにもかかわらず、その政治と行政は今になって、貸し館で個人の要求にだけ対応することしかできず、社会の必要に対応しない施設に公金を投入し、公的に運営する必要はないという結論を出しました。かくして、施設の「管理委託」が始まるのです。

社会教育を「生涯学習」に置き換え、学習は市民に任せて、社会教育は教育をしなくていいと言って来たのは政治と行政です。その政治と行政が個人の要求にだけ対応し、社会の必要に対応しない社会教育に公金を投入する必要がないなどと言い出すのはまことに矛盾した論理ではないでしょうか?

本稿が分析した佐賀市立勧興公民館は、戦略的プログラムを工夫して、公民館の社会教育機能を復活し、公民館が住民の参画とまちづくりを同時に達成し得ることを証明したのです。

2　なぜ勧興公民館は祭りを創造しようとしたのか(*)

佐賀市立勧興公民館も、また「管理委託」された公民館です。自治会を中心とする地域運営協議会に公民館の運営を任されている「地域委託」の公民館です。「地域委託」というのは、通常、「丸投げ委託」になって、地域エゴや団体エゴの調整がつかず、運営の発想も素人の域を出ないので、最悪の「指定管理」の事例になりがちです。しかし、勧興公民館は地域委託のマイナス要因だと見られた特性を利点として捉え直し、まず正確な地域診断を行い、地域運営協議会に配分されている地域活動費を予算の源泉として、コミュニティの形成に取り組みました。手法は公民館の社会教育が蓄積してきた「集う、学ぶ、結ぶ」の原理に「参画」と「まちづくり」の機能を追加して、「新しい祭り」を創造したのです。勧興公民館は、公民館を生涯学習の貸し館からコミュニティ形成の拠点に変えたのです。勧興公民館は「まちの駅」構想を採用して、事業の展開を図りました。「個人の要求」より「地域の必要」を優先することが基本です。現代の社会教育や生涯学習振興に最も欠落している考え方です。公民館は「委託されたという条件」を最大限に生かして、「地域の祭り」を素材にして、地域活性化のためのボランティア協力者のネットワークをつくり出したのです。

勧興公民館のエリアは、高齢化率二五・五三%、独居率二一・七六%と高く、六五歳以上の高齢者四人に対し小学児童は一人未満という少子・高齢社会の典型的な地域です(**)。平成のはじめ頃に起こったバブルの崩壊とその後の商業地の郊外化が相まって、勧興地区の空洞化を生みました。佐賀市が街中再生を目的に地域開発という看板の経済開発に力を入れているうちに、地域の協力や連帯は希薄化の一途をたどっていました。

そのため、秋山千潮館長は就任以来、地域の活気を取り戻すには、まず公民館を拠点に人を動かし、地域の住民が地域の住民のために活動してもらう機会を生み出すことが一番だと考え、公民館を人々の集う「まちの駅」にしようと考えました。

「まちの駅」とは、地域住民やそこを訪れる人に地域情報を提供する機能を備え、人と人との出会いと交流を促すことを目的としたまちづくりの拠点施設です（＊＊＊）。

公民館は、住民の生涯学習・社会教育実践の場ですが、事業プログラムの戦略性や職員の働きかけ次第で、子どもたちから高齢者まで住民自らが、自分たちが住んでいる地域をともに力を合わせて住みやすくするまちづくりの拠点になり得るのです。

公民館の社会教育が個人の学習支援にとどまっている限りはとうてい無理だったことですが、勧興公民館は人々の学習とまちづくりを結合し、公民館が限定された人々の生涯学習の場のみにとどまることなく、まちづくりのための「交流と連帯の祭り」の拠点にしようと発想しました。人々が喜んで集まり、誰もが気楽に楽しめる「祭り」構想は第一段階の「人集め」に成功しました。学習者も協力者として取り込んだので従来の固定客や地域の抵抗もありませんでした。「祭り」の機能を付加することは参加者層を多様化し、拡大することが狙いでした。「祭り」の導入と毎月一回の定例化によって、学習者の学習の質も、協力や連帯の具体性も一気に向上しました。公民館の祭りが社会教育のコミュニティ形成機能を強化したのです。

勧興公民館は、地域の拠点施設として、学習の場を提供することを越えて、学校その他の関係機関や地域住民の拠点施設として必要な情報を提供し、人々の交流を促す事業を次々に打ち出しました。しかも、公民館の新企画は住民の意見や希望を聞きながら、同時に住民自身の事業への参画をも促しました。

秋山館長と二名の公民館主事は、公民館を取り巻く状況をよく把握していました。地域力が落ち、世代間の連携もなくなった地域を再度建て直すためには、特定の人にのみ役割と責任を負わせるのではなく、個人個人が楽しみながら各人が持っている技術や技能を発揮できる楽しい場所を公民館に創ろうと考えました。それが平成一八年度から取り組んだ「公民館まちの駅」（＊＊＊）構想です。「まちの駅」の目玉イベントを毎月一回の「祭り」にしました。定例的に毎月の第二土曜日に開催され、毎回六〇～一〇〇名の参加があり、六月のオープニングや八月の夕涼み会、一二月のクリスマス・イベントでは約五〇〇人の参加があります。

いつの時代も祭りの魅力は「出し物」にあり、「露店」にあり、「にぎわい」にあり、「非日常性」にあります。「出し物」も「露店」も祭りの不可欠の要素ですが、いつもの人々がいつものようにやったのではすでに新味がないのです。「出し物」も「露店」も企業化し、日常化し、今やどこにでもあるのです。公民館そのものが新味をもたない時に、すでに日常化し、陳腐化した「出し物」や「露店」だけではもはや人々を引きつける力はないのです。しかも、公民館を拠点とする以上、そこには生涯学習に絡んだ発想が不可欠です。「出し物」も「露店」も従来の発想を捨てなければ、新しい顧客の獲得はできません。安心、安全だけではなく、自己責任のまちづくりをめざして、乳幼児から高齢者までが触れ合える交流の場、人々が持っている資源を活かし、発表する場、多様な住民が活動できる出番づくりなどを総合化した地域コミュニティの拠点づくりをねらいとしました。

＊秋山千潮『『祭り』の思想を発明する―佐賀市勧興公民館のまちづくり実践―』第二七回大会発表資料、平成二〇年

＊＊平成一八年佐賀市統計資料「校区別人口統計」によります。

＊＊＊まちの駅（まちのえき）は、地域住民や来訪者が自由に利用できる休憩場所や地域情報を提供する機能を備え、さらには地域内交流・地域間連携を促進する公共的空間をいいます（Wikipedia）。
（まちの駅連絡協議会、事務局：NPO地域交流センター、〒104-0043 東京都中央区湊1―9―8 八重洲第六長岡ビル3F 電話：03-3553-7344 FAX：03-3553-7346）

3 公民館「地域の祭り」を支える三つのポイント

(1) 住民は地域の形成者――「招待」ではなく「参画」

第一は、地域の住民を地域の形成者として位置づけたことです。公民館は住民の中から「祭り」を支える地域の人材を発掘し、活動のステージを準備し、ボランティア・スタッフとして運営の一翼を担ってくれるようお願いしました。公民館の依頼は「招待」ではなく「参画」なのです。

(2) 住民参画を可能にする多様な戦略的プログラムの創造

第二は、地域の人たちの誰もが活動できる多様なプログラムとステージを創造したことです。「祭り」の発想は「出番づくり（地域デビュー）」の発想に重なっています。これまで公民館に足を運んだことのない人々が参加できたのはそのためです。限定的な固定客が占有して来た公民館の現状を突破するためには、公民館運営者の新しい社会教育発想が決定的に重要なのです。

(3) 公民館の「仲介」と「社会的承認機能」

第三は、公民館の広報機能を総動員して祭りを支えた人々の活躍と成果を社会的に認知し、地域の承認を求めたことです。祭りには神輿を担ぐ人と神輿や山車を見物する人が集まります。公民館は祭りを支えた人々の活躍と成果を家族や地域の人に見てもらい「効果の可視化」と「社会的承認」を可能にしたのです。多様なプログラムの開発が成功して「神輿を担ぐ人」も多様化しました。祭りを支える人の循環が始まったのです。

「公民館まちの駅」構想は、公民館が主役のプロデューサーです。連絡と報告は怠らないとしても、従来の既存組織や固定客代表による実行委員会方式は採らず、協力者の発掘もプログラムの開発も公民館自らが手がけてきました。既存の集団に依存すれば、地域エゴや団体エゴに振り回されて自由な発想が生まれないことはすでに明らかであり、加えて自治会や各種団体の役員は、役職を多く抱えているため人材が重複し、皆疲れていて、迷惑がられた上に「頼まれ仕事」になることも分かっていることだからです。

それゆえ、「勧興祭り」の成功は、公民館と公民館の発想に同調した地域の住民有志がつくり上げた工夫の賜物です。館長以下公民館職員の勉強と工夫がいかに重要であるかの証明になると思います。公民館にとって、「ボランティア」として、賛同してくれる人は誰でも仲間なのです。そのため、あらゆる企画の実行は「お互いできる範囲のことを無理せず」が合い言葉です。また、その日にふらっとやってきて何か手伝ってくれる人でもスタッフの一員として受け入れました。公民館には「居場所」があり、公民館は自分を「必要としてくれる」ということを徹底して地域の住民に周知したのです。

4 協力者の多様性――プログラムの多様性

(1) 協力者の多様性

「勧興祭り」を支えている協力者は多様です。

既存の地域団体等の役職に関わらない人がたくさんいます。一人暮らしの人もいます。まちの駅がなかったら公民館に足を運ぶこともなかったであろう人、家族からあまりあてにされていない人たちもいます。

協力者が多様なのは公民館が開発したプログラムが多様であり、参画の依頼の仕方が多角的だからです。公民館は地域の人をくどいて実にいろいろな頼みごとをしています。人は頼まれることが好きなのです。退職者は通常「世の無用人」ですが、公民館の頼まれごとを引き受ければ「有用人」に変わるのです。

家の中に引きこもりがちだった高齢者が、誘われて参加し、役割を与えられたことで、自ら考え、「昔とった杵柄」を発揮して生き生きと活動しています。料理から会場づくりまで、活動成果の発表から野菜の出品まで、貢献の形はさまざまです。地元新聞や他の参加者に認められてさらなる意欲の喚起につながった例も少なくありません。

地域に出るチャンスがなかった独身女性が、まちの駅での「スタッフ」としての活躍が認められて、初めて校区の体育大会への参画を依頼されたり、さらには民生委員に就任した例もあります。

社会教育はこれまでの経験で、地域には、特技や技能を持っている人がたくさん潜在していることを知っています。勧興公民館は「まちはまちの人がつくる」という社会教育の原点に立ち戻ったのです。公民館はあらゆる機会を利用して住民に参画と協力を呼びかけました。もちろん、最も有効だったのは、公民館を中心としてでき上がった祭りを支える人々自身の勧誘、声かけ、つまり口コミです。

(2) 具体的な参画ステージの開発

祭りのプログラムを多様化するということは、人々の多様な「役割」と「出番」を創り出すということです。公民館から頼まれた出番があれば、人々はあまり抵抗なく地域デビューができます。勧興地区では、地域デビューとは祭りで役割を担うことと重なっていったのです。たとえば、公民館は、保健室登校をしている地元中学生に提案・依頼して、彼らのできる範囲で祭りの役割を担ってもらいました。もちろん、無理のないところから始めるのが原則です。初めは、一二月まちの駅のクリスマス・イベントで、お楽しみくじの作成、景品の仕分けなどの一切を任せました。「祭り」には自分たちが必要とされていると自覚した彼らにとって公民館は自分たちの居場所になり、必要とされたことで生き生きと活動しました。日常の生活実態と全く違うわが子の積極的な姿を垣間見た父親が中学校にお礼の電話をかけてきたそうです。その後彼らは、小さい子どもの遊び相手と世話をしてくれるようになりました。ここから中学校の校長先生の公民館事業を見る見方が変わっていきました。「学校教育ではここまで手が届かない。学校よりもはるかに良い教育になっている」という「参画」の意味を自覚する評価につながっていったのです。

また、公民館の近くには、不登校の子どもたちが通っている青少年センターがあります。そこで、祭り開催の前日、「若者の手が足りないから」と、不登校児にテント張りの手伝いを頼んだのをきっかけに、今度は、センターの先生方が子どもたちを外に連れ出すきっかけづくりとして、公民館の活用を思いつきました。月二回のお茶の稽古は彼らの新たな居場所になりました。居場所ができ、公民館との交流が始まった子どもたちの多くが、その後、「まちの駅」で販売するクッキー作りに参加し、さらに公民館の畑を使ったさつまいも作りに発展しました。地域のボランティアと一緒に畑を耕し、イモ苗を刺し、夏は草取りをし、収穫後は焼き芋にしてクッキー等と一緒に

「まちの駅」で販売しました。公民館は売り上げの一部を彼らに還元しています。

力仕事には地元中学校の野球部やサッカー部の生徒・保護者や顧問の先生も手伝ってくれています。「まちの駅」の当日は、校長先生が子どもたちを励ましに来られ、その活躍の様子を見てカメラマンを務めるようにもなりました。

「祭り」はこれまで公民館に縁のなかった人々をすくい上げ続けました。ストリート・ミュージシャンもその一例です。路上で練習をしている二組の高校生バンドに声をかけ、家族や地域の人の前で、演奏を披露してもらいました。「まちの駅」の「高校生ライブ」です。「近頃の高校生は、……」とか「うるさい」とか言われて、「路上の迷惑もの」扱いを受けて後ろめたく思っていた彼らが、地域に受け入れられ、祭りのスターになったのです。祭りに集まった人たちとの大合唱で祭りの幕を閉じた時、彼らもまた新しい自分の居場所を見つけたのです。息子の地域デビューを喜んだ父親は司会を買って出ました。バンドメンバーのガールフレンドや仲間も応援に来て、焼きそば作りに腕をふるって屋台を出すまでになりました。公民館の呼びかけは佐賀大学の学生にも届きました。一〇〜二〇人ほどが地域の人との交流に来てくれて、幼児や高齢者と手遊びや歌・踊りなどのレクリエーションなどで楽しみました。役割が済むと小さい子どもたちと一緒に遊んだり肩車などをしてくれたそうです。大学の講義以外に、生身の幼児と関わる経験を持てたことは彼らにとって巧まざる保育体験になっているのです。

男性は働けるうちは仕事仕事で地域や公民館などは敬遠し、退職したら、今度はなかなか地域になじめない人が多いようです。そこで地域デビューの前に考え出されたのが、公民館デビューとしての「男たちのカレー味自慢大会」でした。この企画の隠れたカリキュラムは、「男女共同参画」であり、災害時の男性の炊事演習も兼ねました。祭りに並んだ「昔遊び」、「そばづくり」、「一〇〇円コーヒー喫茶店」などに加わった「カレー味自慢大会」は材料費二千円で男性たちが料理の腕を競い、人気投票をするというもので、一五分でカレーは完食だったそうです。

毎月定例的に行われる「祭り」の楽しさと賑わいは、子育てグループの協力を得て、小さい子どもを持つ若い父親や母親を引き出すことに成功しました。若い親子の、公園デビューではなく、公民館デビュー、ひいては地域デビューが目的であったことは言うまでもありません。核家族化・少子化の影響で、子どもも親も、おじいちゃん・おばあちゃん世代や小・中・高校生や大学生といった大きいお兄ちゃん・お姉ちゃんに接する機会は日頃なかなかありません。子どもたちが喜んだだけでなく、毎月の祭りは回を重ねるごとに徐々に母親同士の仲間づくり、情報交換の場を創り出しているのです。ややもすると孤立して孤独な子育て環境にさいなまれがちな若い親が、地域に見守られていることを実感できたとすれば公民館機能はどれほど有効な「仲介者」の働きをしていることでしょう。

単なる行事消化で終わってしまう年一回のイベントではなく、定例の祭りを活用してたくさんの出番をつくり、毎月実施することが大事であり、意味があるのです。多くの人に「参画意識」と「有用感」を持ってもらうことこそ公民館の戦略でした。

5　新規事業の開拓と展望

(1)　発想の広がりと新プログラムの誕生

「祭り」事業の成功によって広く住民の参加が得られるようになった後、勧興公民館は運営方針のアクセントをまちづくりにシフトしました。もとより安全、安心、自己責任のまちづくりは公民館だけでできるはずはありません。そこで公民館は、地域づくりに住民が自主的に関わってもらおうと、救命救急法を含む「地域防災講座」、「命の講座」、「裁判員制度」等に矢継ぎ早に取り組みました。

数年前、佐賀市で竜巻が起こったのですが、被害にあわなかった地域では、あまり真剣な防災講座の取り組みはなされていなかったという事情も考慮しました。勧興公民館のプログラムは「祭り」に象徴されたように実践的で具体的であることが特徴です。防災・危機管理のワークショップ形式を採用し、大型ガス釜の使い方の練習を兼ねて炊き出しの訓練をし、テントの設営訓練を行いました。防災実習はもちろん、あらゆる手を使って「コミュニティ」を結ぶ作戦を優先しているのです。「祭り」の特別プログラム「男たちのカレー味自慢大会」で活躍した父親たち一〇人が、炊き出し訓練で早速デビューしたのは、「祭り」も「防災」も地域の連帯を創り出す戦略だからです。

(2) 外部機関・組織との連携

新しいプログラムに取り組み始めた公民館は外部専門組織と勧興コミュニティを結ぶ企画も実施しました。独自で災害時における要支援者の避難訓練活動をしていたNPO法人佐賀県難病支援センターと連携して大規模災害避難訓練を開始することができました。それまで、支援センターは、地域のどんなところに参加を呼びかけてよいかわからないまま、難病患者への連絡を行っていたそうです。そこで、災害時の一時避難場所となっている公民館が仲介機能を引き受け、地域の避難場所に指定されている小学校の校長への説明と避難訓練の場所確保、協力してくれる団体の長や自治会長、民生委員への連絡役をかってでました。

また、県や市、まちおこしNPOと連携することで、活動の広がり、他の参加者へのPRにつながっただけではなく、新たな講座の展開にもつながっていきます。

かくして「祭り」を契機に戦略的に住民をつなごうと企画されたプログラムは、住民の気持ちをとらえたあと、住民が参画し、自治会ごとの自主防災組織づくり講習会やAED講習、さらには市役所の他部局と連携した公民館講座などに展開していったのです。

6 未来の必要――勧興公民館の実践と成果をどう活かすのか?

(1) 「招待」ではなく「参画」

公民館主導のプログラムにコミュニティ再生の戦略はあるか? 当初勧興公民館の「まちの駅」構想は、第一段階として、公民館を拠点として住民の参画を促す「祭り」を中心に生涯学習の場づくり、生き甲斐づくり、交流の拡大、ボランティアによる自主活動などを主眼としたプログラムの開発を進めてきました。月一回定例の祭りを成功した後は、本格的なまちづくり機能に活動の重点を置き換え、第二段階に移行したと考えられます。その後のプログラムは地域の定例の祭りを核としながらも、子育て支援、防災、地域の絆づくりによる閉じこもりの予防、異世代間の交流など公民館を拠点とした住民による住民のための社会貢献の色彩を帯びていきました。

かつて全国公民館大会が採用したスローガンは、「集う、学ぶ、結ぶ」でした。勧興公民館の挑戦はこの標語に「参画する」、「地域を作る」を加えたのです。実践する社会教育の面目躍如たるものがあります。

具体的成果は以下の四点に集約できます。

①地域住民の多くが気軽に集まり、公民館を拠点とする事業に参画・協力している。

②住民相互の協力関係が重層化し、関係が関係を呼んで、住民の連帯が強化されている。

③公民館事業で各自が学んだこと、身につけたことは、地域貢献をめざす公民館企画の中で活かすことができるようにし、住民活動のステージづくりに成功している。

④公民館活動と「まちの駅」の活動を両立させたにとどまらず、公民館機能を補うために、公民館を結節点とした外部の専門機関・組織を地域にうまく結びつけて活かしている。

上記の通り、勧興公民館の成功の鍵は、館長や公民館主事の館運営の戦略が明確であり、かつ具体的であったことにあります。あらゆる面で崩壊している地域の協働を立て直すことが目的であり、古い地域に戻そうということではないことが注目されます。

昔に戻すだけであれば、現行の自治会や既存の団体・集団が機能するだけで十分ですが、これからの公民館がめざすコミュニティ形成には、住民の主体的な参画のための戦略的な仕掛けがなくてはならないことが全国的にも明らかになっているところです。

⑵ 館長・職員が「キーマン」

結果的に、勧興公民館は地域の協働機能を創造する新しい仕掛け人になったのです。仕掛けの核は「祭り」を出発点とした公民館発のプログラムでした。これらのプログラムこそがこれからの公民館の戦略の方向を示しています。また、館長以下職員及びボランティア協力者の働きかけこそが社会教育職員のあるべき職務機能を象徴しています。とりわけ館長・職員が「キーマン」なのです。

鍵になる機能は、企画をプロデュースする積極性、住民に頭を下げて頼みに行く謙虚さと愛嬌、人々をつなぎ、広報していくプロモーターとしての推進力などです。これらの機能は、かつて、社会教育主事の役割と機能を論じた3Pと同じなのです。3Pとは戦略的「プログラミング」、公民館が主たる役割を担う「プロデューシング」、公民館が斡旋し、紹介し、依頼し、仲介する「プロモーティング」なのです。「生涯学習概念」に振り回されて、市民の欲する学習の機会を提供すればそれで事が済むと発想するようになった現代の公民館にはこれらの三機能が三つとも欠けているのですが、勧興公民館はその三機能を見事に蘇らせたということです。

公民館を拠点として地域にうって出る積極性も、住民との人間関係を開拓していく公民館外交の謙虚さや愛嬌も、定年後の第二就職組の館長では通常できることではありません。公民館が果たすべき三つの戦略が機能した時、住民の参画が実現し、人々の交流が生まれ、地域の協働作業が動き始めるのです。

今まで公民館は、限られた住民の生涯学習要求に対応することを中心の役割としてきました。勧興公民館の実績が示唆しているのは、これからの公民館は「学習対応」の貸し館事業だけではだめだということです。公民館の衰退も社会教育の軽視も現代の地域課題：「コミュニティの再生」という課題に応えていないことに多くの原因があるからです。個々の公民館の経営責任も重いのですが、根本は中央行政が唱える生涯学習の幻想に地方自治体が囚われ、ある意味では言い訳にして不作為を決めこみ、社会教育や公民館のまちづくり教育の機能についての認識が浅く、そのため社会教育行政や公民館に公民館経営の戦略性が欠けていることが最大の問題であると言えます。さらに地方の首長や教育長にとって、生涯学習のいう住民主体という文言は、はなはだ都合が良く、生涯学習・社会教育に予算や人員を配置しないで済む格好の理由づけとなったことも事実です。また、生涯学習・社会教育行政職員も、自らが今まで金科玉条、錦の御旗のように唱えていた「住民が、自らの意思で選択する」という学習民主主義の文言に縛られて、社会教育を軽視する政策に対して効果的な反論をすることさえできなかったのです。

(3) 公民館の「地域外交機能」

もちろん、勧興公民館も未来の課題に直面しています。公民館事業に参画し始めたボランティアや不登校教室の子どもたちに、今後どのような社会との接点・社会と関わる場をつくっていくのか、退職者や子育て終了者の地域の居場所や活躍のステージをどのように提供し続けるのかなどです。公民館の「地域外交機能」が試されるのです。何もすることがなくなった人が、自分の「有用感」を求めて公民館に集まってこられます。公民館に行ったら何かある、情報が入ってくる、となれば、まさに勧興公民館は社会教育施設であると同時に「まちの駅」なのです。

勧興公民館の最大の成功は、多くの住民が公民館からお願いされるのを待ち望むようになり、公民館事業を支えることで、自らの活動の場を見つけられるようになったことです。今どきどこに公民館の依頼を心待ちにしている住民がいるでしょうか！　政治や行政が軽視している現在の公民館や社会教育にこそコミュニティ再生の戦略的可能性が潜在していると言えます。公民館の戦略次第、公民館職員の活動次第で、住民が参画し、地域活動が活性化し、多くの人々が居場所と貢献の場を見つけることができるのです。それゆえ、問題はおもしろおかしいプログラムや自分のためだけの「たこつぼ型」の活動に「集まる」だけでは不十分なのです。「学ぶ」だけでは地域は変わりません。「結ぶ」と言っても「祭り」や「楽しみごと」の「招待客」がふれあいで顔を合わせるだけの「結ぶ」も力にはなりません。

勧興公民館は、住民に頭を下げ、住民を誘って住民自身の事業をつくり上げたのです。それが「参画」と「まちづくり」の公民館外交です。住民に役立ち、人々に喜ばれる公民館事業の創造に参画することは、住民の中に「同志的な人間関係」を築いていくのです。それが「志縁」の人間関係です。「志縁」のエネルギーを組織化して地域に役立つ事業を実践することこそがこれからの公民館に求められている機能なのです。すべては公民館プログラムの戦略性と公民館職員の３Ｐ機能にかかっているのです。

Ⅱ-3

少子・高齢化に対処する「学社連携」を基軸とする教育施策の思想と戦略
――福岡県旧穂波町及び飯塚市の教育行政経験から分析する「未来の必要」

森本　精造

1　少子・高齢化問題と未来の必要

日本の未来に立ちはだかる難問は「少子化」と「高齢化」と言って間違いないでしょう。両者ともに教育、福祉、労働、医療、まちづくりなど複数の分野にまたがる複合的な問題であり、それぞれの分野の政策内容や方法はもとより、システムの抜本的改変に関わる巨大な問題であることは疑いありません。「未来の必要」は、高齢者の活力を維持し、その自立を可能な限り図り、合わせて少子化を止め、生産人口の低減を防止することです。このような課題が眼前にあるにもかかわらず、各分野の政策内容・方法は、相互の連携を欠き、極めて貧困であり、現行システムの仕組みの改善にも着手できていません。教育分野を含め、少子・高齢化に対処する戦略は不十分と言わなければなりません。

2　獲得した自由と選択権――失った共同生活機能

筆者が仕事のフィールドとしてきた福岡県飯塚市においても、すでに地域共同体の衰退は著しく、従来保持していた相互扶助機能も、次世代に対する教育機能も、高齢者に対する支援機能も低下し年々厳しくなってきています。

自治会に代表される地域の自治機能は安全やゴミや行政情報の伝達など最小限の役割を果たすだけにとどまっています。もとよりこうした現象は、地域住民自身が選択したライフスタイルの結果であることは言うまでもありません。人々は、家族に始まり外部の任意集団はもとより地域共同体に対しても、自らの主体的生き方と自由を主張し、自己都合やプライバシーを優先し、他者からの強制や干渉を嫌い、過去の帰属集団からの「束縛」を拒否したということです。核家族の登場や地縁集団の衰退はその現れであったと言えます。戦後の日本社会は大都市から農山漁村にいたるまで、あらゆる法や規則を駆使して、個人のライフスタイルの自由と選択権を保障する仕組みを確立することにまい進して来ました。その結果、私たちは、共同‐共生社会の相互扶助システムの衰退を代償として、個人の自由と選択権を獲得したのです。共同体の束縛や干渉を拒否する以上、従来の相互扶助機能や次世代育成の教育機能だけを懐かしんで、昔に戻りたいと願ってももはや戻れるはずはありません。現に、昔は良かった、という回顧論が存在する一方、地域の自治機能は縮小の一途をたどり、今や子ども会ですら役員の引き受け手がなく存続の危機に瀕しています。多くの日常機能が家庭や地域の手に負えなくなり、炊事、洗濯などの家事はもとより、自治機能のアウトソーシングが始まり、高齢者支援や介護のアウトソーシングも始まり、子育てのアウトソーシングも始まっているのです。

3 「飯塚市熟年者マナビ塾」――「学社連携」による高齢者活力向上事業の思想と方法

(1) 高齢者政策の成否は社会的コストに直結する

高齢社会がやってくると分かった瞬間から、高齢者施策の成否は社会的コストに直結することになることは当然予想されたことでした。まして、医療、介護、年金など、老後の安心と安全は社会制度によって保障すると宣言した段階で、高齢社会は日本の重大な危機要因と化していたのです。「危機」の中身は、四つに分かれると思います。

第一に社会に依存した生き方を選ぶ高齢者が増大すれば、当人の自立の度合いにもよりますが、健康や生き甲斐などに関して「生涯学習格差」が発生し、一人ひとりの幸不幸が大きく分かれるということです。「生涯学習格差」とは、個人の学習・活動の成果が人生における情報、健康、交流などを獲得する度合いを大きく左右して人々の明暗を分けることになるということを意味します。

第二に、高齢者を対象とした施策に失敗すれば、高齢者率が増加し続ける地域社会の活力は大きく失われざるを得ないということです。

第三に、高齢者の社会的安全と安心を保障する保護施策には膨大なコストが生じます。

第四に、高齢者の社会依存度が増大するに従って、高齢者と高齢者保護のコストを担う若い世代との間に世代間のあつれきが生じるであろうということです。

すでに高齢化率は全国平均でも二〇％を超え、地域によっては四〇～五〇％のところも出てきました。その内日常の自立的生活が困難な高齢者も一〇％を優に超えました。高齢者の医療費、介護費の増加が人事、財政両面で現行システムを圧迫することは誰が見ても明らかでしょう。

(2) 高齢者政策の基本視点――自立支援と活動ステージの創造

高齢化率が確実に増大し、しかも、高齢者の自立支援が遅れた場合、医療費、介護費の高騰は必然の結果であり、確実に、財政の圧迫を引き起こし、時に自治体財政の破綻すら予想されます。社会保障を国民に約束した日本社会は危機を迎えることでしょう。

予防医療、予防介護の観点からはもとより、健全財政維持の視点からも高齢者の活力を保全し、元気な高齢者の社会参画を促すことは喫緊の行政課題であると言って過言ではないでしょう。しかし、そうした行政課題に対応する施策は誠に不十分であると言わなければならないのです。

飯塚市では、学校と社会教育をつないだ「熟年者マナビ塾」事業（以下「マナビ塾」と言う）を立ち上げ、高齢者の学校支援ボランティア活動を媒介として、高齢者の活力維持を図るための取り組みを始めました。もとより、「学社連携」の事業も、高齢者支援事業も、学校や子どもの支援事業も行政諸分野の要素・要因が絡み合った複合的・総合的事業になることは論を俟ちません。飯塚市は、「マナビ塾」構想を子どもにも、高齢者にも適用したいと考えてきました。

「マナビ塾」構想は、高齢者の場合も、子どもを対象とした場合も、学校施設の活用を前提としているので学校開放と「学社連携」の施策が鍵であり、学校を開くことに対する教職員・管理職の意識が鍵となります。未来の社会教育事業は子どもと学校をコミュニティ形成の中核とする「学社連携」の方策を基軸とすることがもっとも合理的であり、効果的であると確信するに至りました。

高齢者の活動が学校を拠点として行われ、自分たち自身のための活動と学校支援活動が同時に進行した時、学校は高齢者に活動ステージを提供することになり、高齢者は学校教育に対する多機能を有した支援グループを形成することになります。どのように命名するかは別として、学校が学校外の事業に実質的に協力を始めた時、学校は、学校自身と地域社会双方の教育必要に対応した「コミュニティのスクール」になります。

しかしながら、現状の学校の社会的風土を考慮した時、学校を開くことはもとより、「コミュニティのスクール」としての機能を実現するためには、教職員の意識の変革を待っていては何もできません。それゆえ、「学社連携」施策実現の原点は、「教育行政（教育委員会）が責任を持つ」、「学校の責任は問わず、迷惑もかけない」という行政方針を内外に鮮明に周知することから始まります。当然、教育行政は学校にかかる「負荷」が最小限で済むように施策上の配慮をしなければなりません。学校の現状は、社会教育との連携を想定する意識も力もなく、地域の教育課題から完全に遊離してしまっていると言えます。

結果的に、「マナビ塾」構想は二二の公立小学校のほぼ全部に受け入れられました。子どもも、教職員も日常的に学校に出入りする熟年者の存在に慣れ、直に彼らの実力に触れるなどして、学校支援活動は順調に進展していきました。まだまだ課題は山積していますが、学校とつなげば高齢者の活力維持のためのステージの創造は可能であり、財政負担も極めて軽微で済むことが証明されました。

飯塚市熟年者マナビ塾

一　創設年	平成一六年度（旧穂波町で実施、合併後一九年度から合併後の飯塚市で実施）
二　対象	原則六〇歳以上の高齢者
三　主たる活動	一時限　脳トレ（読み・書き・計算・朗唱・軽体操等） 二時限　自主学習（塾生の相互学習） 三時限　学校支援ボランティア
四　活動拠点	飯塚市立の全小学校の空き教室等
五　活動経費	受講料　一回一〇〇円（塾の活動経費、受益者負担、資料費別）
六　活動の日時	毎週一回　授業のある日の午前中三時間
七　現在の連絡先	飯塚市中央公民館　0948-22-3274
八　その他	現在市内全小学校二二校で実施　受講生二三五人（H22・12現在） 学校からの積極的支援要請期待

(3) 飯塚市「熟年者マナビ塾」の効用

「マナビ塾」の効用については、飯塚市教育委員会、筑豊教育事務所、福岡県立社会教育総合センターが共同でまとめた塾生調査：「熟年者マナビ塾の存在意義（*）」が雄弁に証明しています。調査結果の概要は以下の通りです。

第一に、圧倒的多数の塾生が「マナビ塾」活動を通して複数の「新しい老後」を実感しています。

①まず、生活の新しいリズムとスケジュールを実感しています。

②これまで存在しなかった友人、知人、子どもたちとの交流が始まっています。

③新しい趣味・活動に楽しみや喜びを感じています。

④生活の張り、生き甲斐、やり甲斐、緊張感も実感しています。

第二に、圧倒的多数の塾生が、自らの活動及び学校支援活動を通して、「機能快」を感じ、これまで「できなかったこと」が「できるようになった」と評価しています。

塾生の達成感、成就感、会得感は明らかです。具体的成果は自由記述評価の中から以下のように要約されました。

①読み書きを始め、脳が活性化していることを自覚している。

②交流・社交が始まり、その質・量が共に向上している。

③工作・手作業に関わった結果、手先の作業能力が向上している。

④運動能力、身体能力、行動耐性が向上している。

第三に、圧倒的多数の塾生が「活力」の向上を実感しています。内容的には「機能快」の実感と重複するところがありますが、具体的成果は自由記述評価の中から以下のように要約されました。

①読み書きなど知的能力が向上している。

②身体的能力が向上している。

③各種作品の作成など作業能力が向上している。

④意欲、好奇心、やる気が向上している。

⑤生活リズム、生活スケジュールなど時間に関する感覚が変化している。

⑥日常生活の行動範囲が拡大している。

第四に、交流が拡大し、孤立化が予防できています。大部分の参加者の交流が拡大し、子どもとの交流は特に新鮮であるという評価に集約されます。具体的成果は自由記述評価の中から以下のように要約されました。

①マナビ塾を契機に、塾生同士の新しい人間関係や社交が始まっています。

②学習の縁、同好の縁、志の縁などを通して、これまでの人間関係が深化、分化しています。

③人間関係の拡大と深化は、交流における年齢の幅、地域の広がり、多様性をもたらしています。

④学校支援活動に伴う子どもとの交流は参加者の想像と期待を越えた新鮮さや喜びをもたらしています。

第五に、塾生は「マナビ塾」を楽しんでいます。具体的評価は自由記述評価の中から以下のように要約されました。

①子どもとの交流の新鮮さが楽しい。

②新しい仲間との交流・集団活動が楽しい。

③学習・創作活動が楽しい。

④自分の貢献や向上が楽しい。

＊益田茂「熟年者の活動が熟年者の活力を育む―飯塚市『熟年者マナビ塾』の存在意義」第九〇回生涯学習フォーラムin福岡の発表資料、平成二一年

⑷「熟年者マナビ塾」における教育力の証明

「マナビ塾」の成果を見ても、高齢者の活力維持は教育と福祉を分断・分業化した現行のシステムでは十分に対応できないことは明らかです。予防医療のためにも、介護予防のためにも、高齢者には自らの機能を発揮する社会的ステージが必要なのです。マナビ塾はそのステージに、学社連携の思想を手がかりとして学校を選んだのです。

もちろん、ステージは学校外の子育て支援でも、まちづくりでも、環境保全事業でもよく、さまざまな選択肢があるはずです。しかし、現行の行政の仕組みでは高齢者の活動支援を総合的に検討・企画することもままならないタテ割り分業の制約があるため、高齢者を対象とした研修の大部分は、高齢者の保護と安全に偏っています。高齢者の社会参画・社会貢献を前提とした研修は皆無に近いと言わざるを得ません。

「マナビ塾」は高齢者が社会貢献活動を通して、自らの元気と学校の元気、子どもの元気を同時に向上させ得ることを証明しました。同じことは、他の分野でも、当然応用が可能のはずです。治療だけを目的として予防を忘れるなどということは論外ですが、たとえ予防に注目したとしても、老衰予防の体操や認知症予防のゲームなど局所的な対応に終始し、総合的に高齢者の元気を保つ社会的視点が欠落しているとすれば問題です。高齢者が社会的活動に参画できるステージを準備しないということは、社会的役割における高齢者「無用論」に通じ、高齢者に「出番」は要らないという考えに直結します。

高齢者の元気のためには、高齢者の社会的「出番」こそが不可欠なのです。「マナビ塾」が証明したもっとも重要な活動の根拠は社会参画プログラムの活力創造機能であり、教育力です。

高齢者を対象とする現行の予防プログラムの多くが社会参画の視点を欠如し、結果的に、教育力に欠けているのです。高齢者の健康プログラムも、楽しいプログラムも大切ですが、真の問題は、「元気の先」の活動課題なのです。高齢者が元気を保って、その先に何が待っているのか、元気な高齢者は社会の一員として何をするのか、が問われているのです。

行政機関が企画する高齢者のための多くのプログラムには、高齢者がその経験や活力を生かして社会貢献を続けることを価値とする思想が欠落しているのです。それゆえ、未来の教育行政は、高齢者の社会的活動を推奨・振興するための、たとえば、「高齢者ボランティア基金」を確立することが不可欠だと考えます。学校支援活動にしても、子育て支援活動にしても、高齢者の社会的活動に対する顕彰と感謝の気持ちを表す意味でも、活動費の費用弁償の仕組みが不可欠なのです。この種の考えに基づいた「基金」の創設は、かならず高齢者に新しい社会参画の展望を開くことになり、高齢者の活力を維持する教育力となるであろうことを確信しています。

4 「子どもマナビ塾」の思想と方法

(1) 放課後の教育力の創造

「子どもマナビ塾」(以下「子塾」と言う)の事業は合併前の旧穂波町の実践を起点とし、合併後の福岡県飯塚市に引き継いだ事業です。放課後や夏休みの子どもの選択的活動を保障し、学校のカリキュラム外でさまざまな教育的活動に参加することを目的としました。活動の拠点は安全性の視点からも、子どもの活動の多様性を保障する意味からも、経済的にもっとも効率的であるという点からも学校施設の活用を前提としました。後日、学校が積極的に関わるようになった時点で、「子塾」の活動は「学校管理下事業」の一環として認定され、日本スポーツ振興センターの「災害共済給付制度」の適用も可能になりました。「コミュニティのスクール」の発想を浸透させるためにも、先生方の意識の転換を加速する意味からも、「学社連携」が鍵であることは、先に紹介した「熟年者マナビ塾」の場合と同じです。「子塾」の開催日数は通常の学童保育と同等としたので、現行の規定で学童保育に受け入れられない子どもや上級生の参加も可能になりました。結果的に、「子塾」は、学校開放型の社会教育の課外活動であると同時に、教育と保育をつないだ「保教育」の子育て支援プログラムの機能を果たすことになったのです。この時、現行行政の仕組みを再編して、福祉部局の学童保育事業と「子塾」の統合を果たすことができれば、まさしく正真正銘のコミュニティ・スクールが誕生したはずでした。歴史に「もし」はありませんが、それでも「もし」穂波町あるいは飯塚市に総合的な「保教育」のコミュニティ・スクールが誕生していれば、共働きの家庭を対象とした子育て支援事業に社会教育プログラムを導入することが可能になったにとどまらず、現行の保育行政の制約を撤廃し、放課後や休暇中の小学生全員を対象とした「保教育」のシステムが実現できたはずなのです。「子塾」

と現行の学童保育が統合できれば、学童保育に投入している財政負担は大幅に削減が可能となり、「熟年者マナビ塾」のようなシステムと組み合わせることによって、高齢者の社会貢献のステージも一気につくり上げることができたはずなのです。また、当然、放課後や休暇中の子どもに学校外の教育プログラムが導入されれば、現行の「塾」や「習い事」がもたらす機能と同じように学校教育の質も変わることができたでしょう。学社連携の実が上がれば、家庭教育支援はもとより、学校教育にも多大なプラスの影響が予想されるのです。

生涯教育を推進する上で障害となる真の問題は、現行の政治や行政に、未来の視点から見る子育て支援や高齢者教育の発想が欠落しているということなのです。

「子塾」の場合こそ、「教育委員会が責任を持ちます」という学校管理上の宣言が学校開放の鍵になりました。空き教室の活用推進と言いながらも、現行のシステムや教職員の意識が変わらなければいっこうに進まないことは自明でした。「子どもマナビ塾」や「熟年者マナビ塾」の創設以前には、学校の既存の責任範囲を超えた子どもに対する教職員の関心はほとんど全く存在しませんでした。もちろん、高齢者教育や高齢者福祉に対する関心も皆無でした。地域における世代間交流あるいは子ども同士の交流が重要である、といううたい文句は存在しても、学社が連携して交流の場を設定しない限り、自然発生的な交流は望むべくもありません。地域は各種集団の相互交流や教育プログラムが存在してはじめて地域たり得るのです。現在の地域には地域を地域たらしめてきた機能も消滅し、子ども会のような集団すらもが崩壊し始めているのです。生涯学習社会は、「いつでも、どこでも、だれでも」をスローガンに掲げ、人々の個別選択を優先し、地域の集団的教育機能は蔑ろにされてきました。放課後の教育力は教育施策として新たにプログラムを創造する必要があったのです。

旧穂波町「子どもマナビ塾」

一　創設年	平成一四年度二学期（完全学校週五日制がきっかけ）
二　対象	小学一年〜六年生
三　主たる活動	体験活動プログラムと指導者提示プログラム（選択制）〜自立・発達支援
四　活動拠点	小学校の教室
五　活動経費	受講料一回一〇〇円（受益者負担方式）、文科省委託費
六　システムと実績	学校と公民館の共催事業。学校は施設提供、公民館が指導者とのコーディネートを図る。年間二七五日実施、高齢指導者延べ約一万人を活用（平成一八年度実績）
七　現在の連絡先	飯塚市穂波公民館　0948-24-7458
八　その他	一九年度から国庫補助事業。助成受けず縮小して市費で実施 児童クラブ（学童保育）との協働が課題

⑵「学社連携」における教育内容および方法の再点検

男女共同参画社会が到来し、女性が社会に進出することになり、共働き世帯は増加の一途をたどっています。結果的に、家庭の教育機能は低下せざるを得なかったと言えるでしょう。また、少子化、核家族化の進行に伴い、少ない子どもを過保護に育てたツケは体力や耐性、規範意識や社会性の低下として顕著に現れ、今や現代の子どもが当面する重大問題となりました。保育や塾や各種の習い事事業の繁栄が象徴している通り、核家族化や女性の社会進出が、家事や育児の外部化を助長し、すでに養育そのものの外部委託が社会的傾向となりました。男女共同参画も個人の生き甲斐追求も日本社会が掲げた政策目標であり、国民自身が自ら選択したということは事実であり、「養育の社会化」も高齢者の居場所さがしや活動ステージ創造に困難を来すことも当然の帰結であったのです。社会教育行政の施策もこうした状況を踏まえたものにしなければならなかったのですが、しかし、現実は状況判断が不正確で、施策の対応もすべてに実施のタイミングが遅れがちだったのです。

点検項目の第一は、保育と教育の一体的推進であり、学校外での教育内容を子どもの「生きる力」の向上を目的としたものに焦点化する必要があります。教育委員会の管轄下に「子ども課」のような仕組みを整えて「保教育」を一体的に推進する必要があります。

第二は、学社連携をより緊密化する方策として、経済同友会が推奨した「合校」概念(*)をモデルとしたコミュニティ・スクールを実現し、学校資源のフル活用と放課後の子どもの活動の中心に改めて学校を位置づけ直すことが不可欠であると考えます。

第三は、「子どもマナビ塾」の環境を高齢者と結ぶことで、子どもの居場所と高齢者の居場所を同時に確保し、子どもの活動プログラムと高齢者の活動ステージを同時に準備することです。具体的に飯塚市においては、「熟年者マナビ塾」がすでに存在し、「子どもマナビ塾」も旧穂波町の原型モデルがあるので、将来的には、両者の連携を強め、併せて学童保育事業と一体的運営をすることが課題になります。そのためにも高齢者の地域活動・社会貢献活動を推奨する「高齢者ボランティア基金」(**)の確立は急務であると考えます。

第四は、学校の統廃合問題です。飯塚市内にも全国と同じような過疎化の問題があります。現在の発想だけでいけば、過疎地域はご多聞に漏れず少子化の進行と同時に児童数が減少し早晩学校の統廃合問題が浮上することは不可避です。しかし、日本の地域社会は、子どもを中心に、すなわちその教育を任された学校を中心に発展して来ました。地域の学校を廃止すれば、地域の精神的・文化的「核」を消滅させることになります。学校が消えたあとの地域は、火が消えたように活力を失っていることは全国各地のあまたの事例が証明しています。それゆえ、飯塚市においては、過疎地域の学校に都市部の学校の子どもを定期・定例的に就学させるセカンドスクール構想(***)の実施により統廃合の在り方を検討するとか、やむを得ず統廃合が実施されても閉校後の学校の有効活用としてセカンドスクール構想を取り入れるなど新たな教育システムの検討も必要だと考えています。

＊社団法人 経済同友会「学校から『合校』へ」一九九五年四月。「合校」のコンセプトを以下のようにまとめています。

（一） 学校を「スリム化」しよう

（二） 教育に多様な人々が参加できるようにしよう

（三） 子どもたちが多様な集団のなかで成長できるようにしよう

＊＊アメリカには「国内ボランティア振興法」があり、日本にも、いたばしボランティア基金、財団法人 三重ボランティア基金、京都市文化ボランティア基金などがあり、主要な目的はボランティア活動の促進・支援です。

＊＊＊三浦清一郎「埋もれた国土庁構想――『セカンドスクール』」「風の便り」七四号、平成一八年二月

Ⅱ-4 地域社会における「教育の協働」
――教育組織・機関間の連携システムの構築とエリア・コーディネート機能の不可欠性

中川　忠宣

1　地域課題に対応する総合的システムづくりの必要性

(1)　システムづくりが求められる背景

現代の地域社会の最大の課題は少子・高齢化です。少子・高齢化に起因して青少年の健全育成、団塊世代・高齢者の生き甲斐づくり、地域住民間のコミュニケーションの不足等の問題が発生し、子どもの健全育成と高齢者の安全・安心にどう取り組むべきかが問われるようになりました。地域課題の多くは、少子・高齢化と地域共同体の崩壊が重なって発生しています。

確かに、いつの時代も地域は多くの課題に直面していました。人間生活の問題はいつの時代もさまざまですが、現代の課題は、発生する課題に加えて、課題に対処する家庭、近隣、学校、地域集団など地域を構成する単位組織や機関に「解決力」・「教育力」が失われたことです。家庭も、学校も、地域社会も教育力を失い、問題対応能力を失っています。地域の構成組織・機関が対応力を発揮し得たのは、それぞれの組織にそれぞれのリーダー（指導者）がいて、地域全体が共同して動いていくシステムがあったからです。しかし、近年、核家族化がますます進行し、各種の地域集団はリーダーが存在せず、地域共同体のコミュニティとしてのまとまりと機能は著しく低下しました。

結果的に、これらの現象は悪循環を繰り返して、地域共同体を崩壊の危機に追い込んできました。当然、個々の家庭は孤立化が進み、その教育力は低下し、学校教育への過度な依存傾向は目に余るものとなり、地域社会は、子どもや高齢者が当面するさまざまな課題への対応に困難を来しています。言い換えれば、家庭においても、学校においても、地域社会においても、もはや各単位組織の単独の教育力では個別課題にすら対応しきれなくなっているということです。現代の地域には生起する課題に総合的に対応するシステムが欠如し、未だに、個別対処療法的な取り組みに終始しているのが現状です。改正教育基本法の第一三条が「学校、家庭及び地域住民等の相互の連携協力」を規定したのは、三者による総合的対応システムをつくり出すことの重要性を指摘したものと言えます。筆者はそれを「教育の協働」と理解し、三者の協力と総合化を推進するシステムづくりが重要であると考えます。「教育の協働」を進める中核的方法は「コーディネート機能の充実」と「地域住民の情報の共有」です。求められている新たな教育施策は、家庭、学校、地域社会のさまざまな教育活動を連携・協働させるシステムをつくることです。連携と協働が、体系的、日常的、継続的に行われれば、個別の教育力の衰退を補って教育効果を上げることができます。さらに、そうしたシステムを通して多くの地域住民が地域活動に参加することによって、つながりやコミュニケーションの衰退した大人社会の再構築をめざすことも可能になり、教育政策は、教育力の向上をめざしながら、地域づくりの施策としての機能を発揮することになります。

(2) システムづくりの考え方

家庭、学校、地域社会の教育力が衰退したことに加えて、現状は、それぞれの単位集団・機関がお互いに協力してバランス良く教育機能を発揮する仕組みが存在していません。学校の努力も、地域での青少年教育活動も、高齢者の社会参加の取り組みもばらばらで相乗効果・連携効果を発揮できていないのです。

近年の学校は、ようやくその教育課程に地域の教育力を活用し始めました。地域には各種の伝統文化の継承をめざした活動があります。地域の教育団体は家庭教育で不足する自然体験・生活体験活動の機会の充実を図るプログラムに取り組んでいます。しかし、地域課題の複雑化、教育格差の存在が明らかになるにつれ、これら個別の教育問題の対処法には限界があることが明らかになりました。地域全体を展望し、現存の教育機能を連携させ、総合的に組み合わせて相乗効果を高める「協働のシステム」を地域に定着させることが不可欠になったのです。「協働」の実現には、「目的の共有化」、「スケジュールの調整」を仲介する「エリア・コーディネーター」という新たな発想が重要になると考えます。

従前から教育界は「キャリア教育コーディネーター」「家庭支援コーディネーター」など多くのコーディネーター制度を実施してきましたが、これまでのコーディネーターは各分野別の課題に対応するものであったため、その機能が、地域全体の教育力を総合化するという機能にはつながらなかった悩みがありました。地域の教育力を再構築するためには、地域課題も地域の教育力も分野別にとらえるのではなく、分野別に点在する教育力を地域全体（エリア）の視点から総合的にとらえ、課題やニーズに合わせて全体エリアの教育力を組み合わせてマッチングしていくという発想が重要です。現状を見れば、分野別の課題は個別のように見えても必ず相互に関係し、連動しています。分野別のニーズも個別・単独であることの方が稀です。それゆえ、診断も処方も地域全体の視点から考える「エリア・コーディネーター」という発想が重要になるのです。したがって、エリア・コーディネーターは従来の分業・タテ割り発想では機能しません。コーディネート機能は、地域に存在するさまざまな人材や団体・グループ等の横のつながりを創っていくところから出発します。コーディネート機能の最終目的は、協働を求める側にも求められる側にも双方に効果をもたらすことを前提に考えることが重要であり、結果的に課題の解決力を向上させることです。

2 「エリア・コーディネーター」は機能したか

エリア・コーディネーターをどういう姿でイメージするかについてはさまざまな考え方があるでしょうが、本稿は第二五回大会における島根県大社町の実践、(*)同じく第二五回の大分県豊後高田市の実践及び第二七回大会で報告(**)された島根県雲南市の「教育支援コーディネーター制度」(***)の三つの具体的な事例を分析します。

分析視点の第一は、エリア・コーディネートの機能は、地域住民を把握することが可能な機関・団体・グループが担うべきではないか、ということです。

第二は、民間から起用した専任のエリア・コーディネーターを配置することで地域の教育力を総合化できるか、という点です。

第三は、行政上の職務としてのコーディネート機能を新設・配置する必要があるか否か、ということです。

＊原敦代（島根県大社町）「学校支援ボランティアを『環』とした学社連携事業の方法と論理」第二五回大会発表資料、平成一八年

＊＊辛島時之（大分県豊後高田市）「豊後高田市『スクラム・プロジェクト』の子育て支援のまちづくり」第二五回大会発表資料、平成一八年

＊＊＊加藤雄二ほか（島根県雲南市）「学校へ行政職員を配置した『教育支援コーディネーター制度』に関する実践報告」第二七回大会発表資料、平成二〇年

(1) 公民館が担う「エリア・コーディネーター」機能

島根県大社町の実践は、市町村合併や行財政改革の中で、新たな公民館のあり方を示唆した活動です。平成一五年に「公民館の設置及び運営に関する基準」が改正され、公民館で学んだ地域住民を地域貢献システムの中に配置して成功した取り組みでした。

大社町荒木コミュニティー・センターは、公民館がカルチャーセンター化する際に、その活動の一環としてセン

ター利用者を学校教育活動への支援者として組織化し、学校とセンターの学習者をつなぐ役割を担いました。具体的には、同センターのすぐ前にある小学校への支援が中心ですが、そのエリアの中学校にも支援活動を行っています。協働の前提は、まず目的とスケジュールを共通理解するために、センターは教職員と年間計画を協議し、次に、センター利用者・団体・グループと打ち合わせて支援計画をつくります。学校支援の当日は、支援者がセンターに集合して学校へ出かけるシステムで、コーディネート役のセンター職員は詳細な活動打ち合わせや活動記録の整理等準備・実施過程のすべてを調整します。

センター職員の役割と活動は次の四点で、筆者が指摘するエリア・コーディネーターとしての機能を果たしています。

第一に、センターは教育資源情報の中核機関として、さまざまな地域人材を把握しており、豊富な情報量を十分に生かして学校教育に対する学習支援、部活動支援、環境整備支援等のさまざまな学校のニーズに対応しています。

第二に、センターという公的な機関が仲介・調整の役割を担うことによって、地域住民の信頼を得、活動の継続性・日常性が保障されています。

第三に、センターでの地域住民の学びが地域貢献に生かされることで公金投入の成果が社会的に還元され、同時に、学校支援に関わる成人学習者自身の生き甲斐、活力、社会参加、交流などを促進する効果が期待できることです。センターがエリア・コーディネーターとしての役割を果たすことによって、学校支援システムが構築され、教育支援を求める側と求められる側の双方への教育効果をもたらすことができているのです。

第四に、学社連携のコーディネート機能をセンターが担っていることで、受け入れ側の学校の多忙を軽減することにもつながっていくと考えられることです。学社連携は言うは易く、行うは難い長年の懸案にされてきた事業ですが、センターが連携事務を引き受け、学校側の負担軽減につながることで学校が門戸を開いていくきっかけにもなります。

センター（社会教育）が学校に提供できる具体的な協力機能を提示し得た時、地域の教育資源を総合的に組み合わせる教育の協働を推進するシステムが可能になると言えます。

(2) 民間の「専任コーディネーター」配置と公民館との協働

大分県豊後高田市の実践は、大分県教育委員会が実施するモデル事業で、教育の協働を推進するために専任のコーディネーターを配置した事例です。

専任コーディネーターは、公立公民館と協働して、中学校区ごとに、公民館を中心にして地域の機関・団体・グループ等が地域総参加で子どもの活動に関わるシステムづくりをめざしています。活動の中身は安全・環境浄化活動を中心とした地域住民のネットワークづくりです。配置された専任コーディネーターは、市教育委員会の社会教育主事と協力して、市レベルの教育資源のネットワーク化を図るとともに、公民館ごとの「校区ネットワーク会議」の組織を立ち上げて、その活動の支援を行います。

この実践事例も筆者の言うエリア・コーディネーターとしての機能を果たしています。

第一に、専任コーディネーターは、地域の安全・環境浄化に関する事業を行っている団体・グループをつなぐ役割を担っています。個別の活動をネットワーク化することによって多くの地域住民の参加意識を向上させることを目的にしています。

第二に、専任コーディネーターが分散し、たこつぼ化したこれまでの公民館事業や公民館利用者をつなぎながら、それぞれの活動の充実を図ろうとしています。

第三に、市の社会教育主事が担うべきコーディネート機能、公民館が担うべきコーディネート機能を明確に分業化して、全市的な教育資源と個別地域の教育資源をより適切に組み合わせる視点を提示しました。

第四に、専任コーディネーターを配置したことで、豊後高田市が継続して来た「学びの二一世紀塾」との連携や地域住民の学校支援活動へと発展し、市レベルにおいて、より多くの住民が子どもと関わる機会を広げることに成功しました。

ただし、大会報告でも指摘がありましたが、教育資源の協働をシステム化するためには個別の事業を創ることではなく、「協働」を目的としたシステムづくりに継続的に取り組むこと、専任コーディネーターの効果的な配置ができるか否かなど、モデル事業終了後も長期的展望をもった施策として継続することが重要です。

⑶ 行政自らが「専任コーディネーター」機能を果たす時

島根県雲南市の「教育支援コーディネーター制度」は、まさに教育行政が先頭に立った教育の協働のシステムづくりです。行政の若手職員を各中学校（七校区）に「教育支援コーディネーター」として配置し、中学校はもとより、エリア内の小学校の支援も行いつつ、学校の中から見た教育課題を洗い出し、学校が当面する課題についてあらゆる教育組織・機関との連携を深めることによって迅速な解決を図ってきました。「教育支援コーディネーター」は学校と行政をつないで、エリア内の教育機能を総合化し、行政が主導的に解決に関わるシステムを構築しようとするものです。

「教育支援コーディネーター制度」が、上記二例以上にエリア・コーディネーターとしての機能を果たしていることを整理すると以下の四点になります。

第一に、専任コーディネーターは自らが取り組むべき課題が教育活動を支援するための調整機能であることを「職名」によって明確に認識しています。さらに彼らは、行政から派遣されていることを自覚しているので、個別の教育課題やニーズに対して、自己の調整能力を超えた幅広い対応を学校や行政当局に逆提案できる立場にあります。

第二に、学校課題の解決は学校のみに委任されず、行政施策の優先事項として学校支援が取り組まれていることであり、行政主導のより広い視野に立った学校運営が摸索されることになります。

第三に、「教育支援コーディネーター」を行政職員として配置したことによって、将来的に、学校と教育行政との関係を密にするにとどまらず、教育の協働システムを地域総参加のまちづくりに生かそうとしています。

第四に、七人の教育支援コーディネーターは相互の連絡会議を通して地域の情報や課題を共有する仕組みがあることです。

以上の制度設計は筆者の提案するエリア・コーディネーター機能を最大限に強化し、より強固な制度化のための裏づけとなるものであるということができます。

⑷ 三つの実践事例におけるエリア・コーディネート機能の意味と意義

これまで、放課後子ども教室や学校支援・家庭支援などの分野ごとに設定されていた各種コーディネーターは、調整すべき分野が限定され、コーディネートする内容に分野ごとの個別の専門性が要求されました。

しかし、本稿が分析の対象とした上記三つの実践事例のコーディネーターには、分野ごとに分類された専門性は特別に要求されていません。あえて彼らの職務機能に必要となる条件を整理すれば、地域住民に関するより多くの情報を収集し、地域住民とのコミュニケーションを密にしておくという社会的調整能力が必要になるということになります。そうした能力を「専門性」と呼ぶかどうかは別として、教育の協働を生み出す実質的な条件には、基本的に次のような共通点及び特徴が見られます。

第一は、エリア・コーディネーターを機能させるためには、当該職員の職務内容に対象や内容を明確にした「調整機能」即ちコーディネートする範囲を規定しておくことが不可欠です。

もちろん、コーディネートすべきことは地域の状況やニーズに合わせて特定されることになるでしょうが、重要なことは、エリア内の教育課題や住民の地域形成機能をマッチングするという役割を担っていることを、本人にも周りの関係者にも分かるよう職制の任務規定において明確にしておくということです。

第二は、実質的に調整活動が機能した後、具体的な支援活動を行う中核は地域住民であるということです。それゆえ、上記の分析事例に登場したコーディネーターの役割は「つなぐ」ことだけでなく、住民の活動を可能にする企画・提案・広報等多岐にわたる役割を担っています。その意味では社会教育主事や公民館主事には仲介、連携、支援、企画調整など総合的なプロデュース機能が期待されるということでしょう。

第三は、教育の協働が日常的に機能し得るネットワークの範囲は中学校エリアであるということです。地域住民の日常的な生活エリアが中学校区程度であることから、「つなぐ」にしても、「協力する」にしても、中学校区ごとの取り組みが有効であり、また限界であるとも言えます。

第四は、教育行政の施策として明確に位置づけられて行われることが重要だということです。協働を推進する行政方針が全住民に周知されていれば、学校から地域の各種団体まで、コーディネーターの調整力が発揮される条件が整い、全町・市レベルの協働活動の方向が共有されることになるからです。

しかし、これらの取り組みがシステムとして地域に定着するには、地域住民の意識改革、コーディネーター配置や支援活動に係る経費の問題、首長部局の施策との調整等が課題となると考えられます。その意味で、重要なことは地域の教育活動を、目前の課題に対する個別対処療法的な事業から、当該地域の教育資源を協働化する取り組みに転換して、教育資源、なかんずく、地域づくりを担う人と人をつなぐ仕組みづくりの重要性をいかにして共通認識できるかがポイントではないでしょうか。

3　未来の必要

(1)　活動のベクトルを同じ方向に

従来の社会教育実践においても、個々の活動の効果を向上させるための、地域内の既存の機関や団体と連携した取り組みの事例は数多く報告されています。連携と協力が活動効果の向上に大きく貢献することは言うまでもありません。具体的には、学校支援活動や地域グループが企画する子どもの自然体験活動などがありますが、実質的なコーディネート機能を担当していたリーダー（責任者）が転勤したり引退したりすると徐々に消滅してしまう例は少なくありません。消滅の原因は連携も協力関係もシステムとして定着していなかったことにあります。個人の力量によって効果を上げた活動は、活動を支えた協働のシステムが地域に根づかないかぎり継続が難しいのです。

また、地域には「タテ割り」や「分業化」によって並立した類似の取り組みがたくさんあります。出発の当初はそれぞれに妥当な設立理由が存在したはずですが、時間の経過と共に事業が拡大し、時代の中で生起する課題を追いかけていくうちに、事業内容も、対象も重複し、競合するようになります。結果的に、類似事業の整理と「事業仕分け」が必要になるのです。類似の事業がたくさんあることが、参加する側の要求を満たす活動につながるとは限りません。また、事業の提供者が競合して参加者を奪い合ったり、活動が重なったりするなどして、所期の効果を上げられないということをよく聞きます。本稿が分析した事例のように、中学校区エリア内の情報と事業を共有できるシステムづくりができれば、まず活動者の時間とエネルギーを調整して、重複のむだと競合の副作用を軽減することが可能になるのではないでしょうか。

教育行政が明確な協働の意志を持って、地域内の諸活動のベクトルを共通目的別に方向づけることができれば、協働のシステムを生み出すことが可能です。たとえば、中学校エリア内の住民や団体・グループ・機関の取り組み情報をテーブルに並べて、ＫＪ法のグルーピングの手法のように、共通する目的や内容を組み合わせて連携・協力を生み出すコーディネート機能が発揮できれば、未来の地域社会を変えていく施策につながります。

さらに、大分県での調査結果から(*)、地域には特技や知識を持った人だけでなく、「特別なことはできないが子どものためなら！」という人など、子どもたちへ何らかの関わりを持ってくれる地域住民が多くいることが分かっています。地域共同体が衰退した現在、最初から「地域みんなで！」を望むことは困難でしょう。しかし、まず、二割の住民が、地域のために、子どものために関わる活動を協働化することから始めることは十分可能です。おそらく、このことは地域の教育力を昔通りに復活させることではなく、新しい教育力と新しい地域を創り出すことにつながっていくでしょう。「地域みんなで」ではなく、「志のある人」、「ボランティアを志向する人」など、これからは「地縁」よりは「やる気」や「社会貢献の意志」が重要になっていくと考えられます。以下は「志のある人」の「協働システム」をつくっていく留意点を整理してみました。

＊中川忠宣・山崎清男・深尾誠「学校支援についての保護者と住民の意識の相違に関する一考察」大分大学高等教育開発センター研究紀要第二号、二〇一〇年、四九～六七頁

⑵ エリア・コーディネートの留意点

① コーディネートすべき内容・範囲を明確にする

何と何をコーディネートするかが、まず、第一のポイントです。コーディネートの対象は基本的に「人」「もの」「こと」ですが、対象の調整の仕方は内容によって異なります。

「子育て」に関する事業だけでも文部科学省から厚生労働省、経済産業省にまでまたがっています。さらに、子どもの教育についても、学校教育、家庭教育、社会教育にまたがっています。また、放課後の子育て支援に関しては、文部科学省が所管する放課後子ども教室と厚生労働省が所管する放課後児童クラブが混在しています。こうしたさまざまな事業の相乗的効果を上げるために、どのような機能をどの範囲までコーディネートの対象とするかで

「協働」のあり方が決まります。水と油を混ぜ合わせようとしてもうまくいきません。タテ割り行政の是正ができない現状では、混じり合う可能性がある同一系列の施策を連携させたり、住民の日常生活圏に共通する地域横断的な課題を、エリア・コーディネーターという発想で対応したりしていくことが重要です。

②コーディネート機能の目的はネットワーク化

さまざまなテーマ別・分野別課題に対応するためのコーディネート機能の効果も大きいのですが、テーマや分野を限定してしまうと地域の教育力を最大限に発揮するには至りません。なぜなら、その活動は毛利元就の故事にいう「一本の矢」にとどまるからです。それゆえ、理想とすべき連携は、目標とする地域の教育力をテーマや分野の垣根を越えて総合的・複合的にネットワーク化して「三本の矢」にしていく発想が不可欠です。コーディネート機能の目的はネットワーク化なのです。

現状では、せっかく地域にあるさまざまな取り組みが、目的や方法のベクトルを異にしているために大きな効果をあげることができない、長続きしないなどの課題があります。事業の目的は地域課題の解決にあるはずですから、目的や方法を共有化して事業に関わる人々のベクトルを統一できれば、地域システムとしての活動のネットワーク化が可能になります。それができれば、個別の活動を相乗的に組み合わせることが可能になります。地域全体の効果も上がり、地域システムとして継続する力も蓄積されます。

ただし、二つの条件が不可欠になります。

第一は、連携と協働のネットワークをつくり上げることが、組み合わせる活動の双方にメリットがなければなりません。ネットワーク化の前提は、活動をつなぐことがそれぞれの取り組みに効果をもたらす互恵関係が存在することです。どちらかが犠牲を強いられたり、一方だけが有利になる「してもらう」「してあげる」という関係では長続きしません。

第二に、総合的・複合的協働のためのネットワーク化を実現するためには、各種分野ごとのコーディネートに関わる人々を統括的にコーディネートする機能を教育行政の中心に置くことです。テーマ別のコーディネーターや分野別のコーディネーターは対等でフラットな関係で存在し、彼らの働きを組み合わせてファシリテートする一定の監督権限をもったエリア・コーディネーターを置くというシステムづくりの構想が必要になるのです。

③ エリア・コーディネート機能の行政的位置づけ

現存する事業を対象としたコーディネート機能は当該事業予算の消滅と共に消えるシステムになっている場合が少なくありません。事業中心型の施策は、予算の終わりが事業の終わりで、「事業の終わり」が「協働の終わり」になる宿命だからです。本稿が提案しているまちづくりを目的とするコーディネート機能は、個別の事業をつなぐのではなく、最初から総合的なシステムづくりを前提としています。それゆえ、コーディネート機能を誰（どの部署）が担うかによって「調整能力」が変わってきます。

首長部局にそうした専属のポジションを置き、行政施策としてのコーディネート機能を果たすために、本稿2－(3)で取り上げた島根県雲南市の取り組みのように専任の「地域教育コーディネーター」としてさまざまな機関等に配属されることが最善ですが、現状の予算措置や施策の状況では実現の可能性は低いと考えられます。また、2－(1)の島根県大社町の実践及び2－(2)の大分県豊後高田市の実践のように、「何をネットワーク化するか」という調整対象の選び方によって、行政の担当部署が決まってきます。さらに、政策が強調する連携や協働の密度・ネットワークの強度によっても異なります。①及び②で分析した通り、連携や協働の障害となる条件も多々あるので個別の事業によって総合化したはずのシステムが浮沈することのないようエリア・コーディネートの発想を既存の機関、団体・組織等が共通理解して、共有することが不可欠です。

全国的に定着してきたＮＰＯをはじめ、コーディネート機能は誰が担ってもいいのですが、大切なことは中心施策との連動を忘れてはならないということです。それゆえ、中心施策がまちづくりの「的を射て」いることが必須条件であることは言うまでもありません。また、調整・仲介者が公的機関の場合には、２－(1)の大社町のように公民館等の社会教育機関が担うことや、地域の社会福祉機関等が従来の役割を見直す中でコーディネート機能を担うことも可能ではないでしょうか。また、連携すべき事業や機能の種類や広がりに応じて、PTA等の社会教育団体、高齢者自身が活動する老人クラブ、地域づくりの基盤となる自治会等の既存組織が担うことも考えられます。それゆえ、重要なことは、意識の共有と実践のベクトルを共通化するため、地域内の活動団体・組織が同じテーブルについて協議する機会を設定することから始めることが重要です。

個別事業の展開よりまちづくりの総合的システムの構築に重点を置いたエリア・コーディネーターという発想がどこまで認知されるか、そして総合的システムづくりの施策がどう実現できるかが、未来の地域づくりの鍵になると思われます。

まちづくりの要は施策の思想とその戦略性にあります。住民のニーズに対応する個別事業から出発しがちであった社会教育事業が、まちづくりの総合的なシステムづくりから出発できるか否かが一番大切なポイントになるのではないでしょうか。コーディネートは人間が行います。よって、コーディネート役を担う人間によってその効果が異なります。そこで、コーディネートの思想を一人の人間に委任・限定することなく、チームワークとして展開・機能できるよう工夫が不可欠です。まちづくりの総合的システムは、地域を構成する人々の基本的な意思疎通を図りながら取り組むコーディネート機能が前提になるのです。

Ⅱ-5 学校を中核にした地域全体の教育力向上方策
――連携から有償「外部委託方式」による地域教育総合経営への試行

古市　勝也

1 「個人の要望」にも「社会の要請」にも応える社会教育――改正教育基本法が示すもの

約六〇年ぶりに改正された教育基本法では、「社会教育」は「個人の要望や社会の要請にこたえ、社会において行われる教育は、国及び地方公共団体によって奨励されなければならない」としています。すなわち、「社会において行われる教育」は、社会教育の責任領域であり、その奨励が求められているのです。

ところが、われわれを取り巻く社会は、多くの問題点・課題を抱えています。たとえば、親の子殺し・子の親殺し、俺おれ詐欺、一〇〇歳以上の所在不明者問題、基本的生活習慣やしつけの欠如、健康、食生活、安心・安全の問題等々枚挙にいとまがありません。このままで良いのでしょうか。われわれが健康で生き甲斐に満ちた充実した日常生活を送るには、生活の中で直面する地域課題、現代的課題等を必要課題として取り上げ、学習し解決しなければならないことが多いのです。そのためには、課題解決への学びの環境整備が必要不可欠です。「社会の要請」に応えるべき教育は果たして機能しているでしょうか。

上述したような各種、各分野にまたがる課題解決に向けた学びの環境整備はどこがするのでしょうか。改正教育基本法の趣旨から言っても、「社会において行われる教育」すなわち、社会教育が中心になって担わなければならないと考えざるを得ません。

では、どのようにしたら学ぶ環境の整備を図り、効果ある教育‐学習のシステムをつくることができるでしょうか。学習環境の整備も、具体的なシステムづくりも、ヒト、モノ、カネ、情報など多様な視点を包含した総合的な組織作りと取り組みが必要となることは言うまでもありません。

本稿では、学校だけに負担をかけないで学校を拠点とした地域課題解決の総合的なシステム開発を考察・提言します。

2　地域の現状を診断する

(1)　人口減少社会の到来

人口減少社会とは、「人口が継続的に減少を続ける社会。その要因は出生率の低下と高齢化率の上昇によって、出生者数が継続的に死亡者数を下回るという構造的なものである(*)」といわれています。出生数は継続的に減少し、今やわが国の人口は「一九五〇年以降初めて、『自然減』となった」としています(**)。今後、わが国は人口が減少していく社会を想定し、より一層の工夫と努力による諸施策を講じる必要があります。

*Ｙａｈｏｏ！　百科事典（日本大百科全書、小学館）
**平成二〇年三月二一日総務省発表：「二〇〇七年一〇月一日現在の推計人口によると一九五〇年以降初めて、『自然減』となった。」

(2)　少子・高齢社会――少子化が止まらない

少子化防止はわが国の最重要課題の一つとうたいながら少子化は止まっていません。総務省の人口推計は一五歳未満の子どもの数は一九五〇年以降、最低記録を更新したことを示しました(*)。

「少子化社会対策基本法」（二〇〇三年七月）が成立しても、同法に基づき「少子化対策担当相」が新設されても、〇九年政権交代で、政府が「子育ての社会化」を唱えて「子ども手当て」を支給しても、今のところ出生数は減少あるいは横ばいを続けており、少子化は止まりそうにないのです。既存の少子化防止策も子育て支援策も機能していないと言わざるを得ません。少子化が止まらないということは、将来の生産人口が減ることであり、生産人口が減れば、国力は保てず、高齢社会の福祉水準を維持することも不可能になります。今までのような、右肩上がりの経済発展は到底望むことはできなくなるでしょう。

＊総務省発表（二〇一〇年五月四日）「人口推計（四月一日時点）によると、一五歳未満の子どもの数は前年比一九万人少ない一六九四万人で、二九年連続の減少となった。比較可能なデータのある一九五〇年以降、最低記録を更新した。」日本経済新聞、二〇一〇年五月五日

(3) 高齢者・独居老人の増加

高齢者は増加し続け、その中の独居老人は増え続けています。日本は世界に冠たる長寿社会に達したのです。日本人の平均寿命は、男性七九・二九歳（前年七九・一九歳）、女性八六・〇五歳（同八五・九九歳）で男女共に延び、三年連続で過去最高を更新しました。男女の寿命差は六・七六歳（前年六・八〇歳）です。これを、平均寿命の長い国・地域別に見ると、女性は一位：日本八六・〇五歳、二位：香港八五・五歳、三位：フランス八四・三歳、四位：スイス八四・二歳、五位：イタリア八三・九八歳の順です。男性では、一位：アイスランド七九・六歳、二位：スイス七九・四歳、三位：香港七九・四歳、四位：日本七九・二九歳、五位：スウェーデン七九・一〇歳の順です。国・地域別では、女性は二四年連続で世界一、男性は四位と一つ順位を下げています。(＊)

さらに、近年の高齢化の特徴は、一人暮らしの独居老人が増え続け、二〇年後には単身世帯のほぼ四割が六五歳以上の高齢者となると予想されています。(＊＊) 非婚化と高齢化が進み「独居老人」が増え続けているのです。

＊厚生労働省発表（二〇〇九年七月一六日）「二〇〇八年の日本の平均寿命」

＊＊厚生労働省発表（二〇〇八年三月一四日）「二〇三〇年には一人暮らしの世帯が一八二〇万人になる。全世帯の三七％に達する。二〇〇五年より二六％増加になる。単身世帯のうち三九％が六五歳以上の高齢者である。」

(4) 地域社会の崩壊

① 地域の互助組織が弱体化から崩壊へ

地域の現状を見ると、過疎・過密社会、匿名社会、限界集落、地域住民の連帯不足等々いろいろな現象が指摘されています。地域からは青年団、婦人会組織が消え、自治消防団員もなり手がいません。町内会、自治会、子ども会等の地域互助組織の役員もなり手がいません。地域の互助組織に関心のない人、関わりを持ちたくない人、役員にはなりたくない人が増えています。確かに、今も大活躍の婦人会や青年団や消防団等もあり、自治会加入率九〇%台を誇る地域もあります。加入世帯が減少傾向にありながら地域づくりにがんばっている地区もあります。しかし、全社会的に見れば、地域の連帯感の希薄化現象は止まるところを知らず、地域の互助組織は弱体化し崩壊への一途をたどっており、地域社会が成り立たなくなっているのが現状です。この状況を打開するために、どのような地域施策が考えられるのでしょうか。

② 子どもの安全が脅かされ、健全な発達が困難になっている

子どもの周りではどのような問題が起こっているのでしょうか。問題の現象として次の点が挙げられます。地域では、①子どもの安心・安全が脅かされています。登下校は事件や事故の不安が多く、地域には安全で安心できる公園や遊び場が少ないのです。②心身の重要な発達期にあるにもかかわらず、子どもは外で遊ばなくなりました。異年齢の遊び集団も壊滅状態です。③子どもを見守り、支援・指導する組織も消滅しています。④子どもが参加し、役割を担う地域行事もなくなっています。⑤「子ども見守り隊」等の新しい組織はできましたが、すべてのコミュニティに普及しているわけではありません。子どもにとっても、子育て中の家族にとっても安心・安全の地域づくりが早急に求められているのです。

(5) 学習社会の進展と変容――変化する学習社会への対応

① 学習活動に参加する者は増え続けています

生涯学習概念の浸透に伴い、学習社会は確実に進展しています。学習者数調査(*)を見ても、公民館で開設された講座数の変化を見ても(**)、図書館の貸出冊数の変化を見ても(***)、いずれも大幅で、着実な増加傾向が続いています。

学習社会の進展と地域社会の崩壊はどのように関係しているのでしょうか。学習機会も学習活動者数も大幅に増加していますが、学習機会の向上はなぜ「社会の要請」に応えることに結びついていないのでしょうか。増え続けてきた学習活動者の学習の成果は、地域の資源として十分に活用されていないのです。確かに学習社会は進展したかに見えますが、同時に、学習内容も学習者も社会教育の視点が欠落してしまいました。学習社会における社会教育の重要課題がここに存するのです。

＊北九州市市政モニターアンケート（平成一〇年度第三回・平成二一年度第八回）の結果、「過去一年間の学習者数」は平成一〇年度の四四・九％に対して平成二一年度は六二・二％に増加しています。

＊＊文部科学省「社会教育調査」によると、全国の公民館の講座数の実施状況は、平成七年度一八万二三〇八講座に対し、平成一六年度は四一万一四講座と二・二四倍になっています。

＊＊＊同上調査に見る、図書館の貸出冊数は平成八年度の四〇万四一六一冊に対し、平成一七年度は五八万七二六冊と一・四五倍になっています。

② 学社連携の限界――問われる新しいシステムの構築

昭和四〇年代から、学校教育と社会教育の連携、学校教育・社会教育・家庭教育の三者の連携、社会教育の総合的な取り組み、行政のネットワーク化、学社融合等々さまざまな提言と施策が実施されています。さらに、改正教育基本法では、（第一三条）「学校、家庭及び地域住民等の相互の連携協力」が新設されました。にもかかわらず、学校教育と社会教育の連携が効果を上げていると言うには程遠い状況です。学社の連携・融合を妨げる制度上の規制や制約が存するとすれば、それは何だったのでしょうか。今までのやり方で連携・協力がうまくいかないなら、思い切って施策の方法や枠組みを変えて実施することはできないでしょうか。

③ 生涯学習振興行政の多様化

住民の学習要求は高度化し多様化してきています。人々が地域課題や現代的課題等を解決するためには、今までのように教育委員会が行政の窓口だった時代は終わっています。生涯学習、スポーツ、文化行政は一般部局に移り、環境教育、消費者教育、福祉教育、都市計画、まちづくり等も一般部局であり、相互連携なくして効果を上げることは厳しい状況にあります。今や、人々の意思の変化と共に、社会構造も変わってきているのです。今までの行政の枠を超えた組織づくりと対応が求められていると言えます。

3 先行事例に学ぶ新しいシステム

人口減少、少子・高齢化、地域社会の崩壊、変化する学習社会等々地域も住民も急激に変化し、今までの行政対応では限界があり、状況の打開はできないでしょう。

どのような対応・施策が有効でしょうか。学社連携の新しいシステムづくりに挑戦する各地の試行錯誤を分析してみました。

(1) 小学校区に公民館を併設した鹿児島市の「校区公民館制度」

鹿児島市教育委員会は小学校区ごとに公民館を併設し、「校区公民館制度」と呼ぶ学社連携による校区コミュニティを単位としたまちづくりの仕組みに取り組んできました(*)。

「校区公民館制度」の目的は、小学校区に公民館を併設することによって、学校教育と社会教育が連携しながら総合的に地域の教育力を向上させることにあります。

鹿児島市では、昭和五三～五九年に、少子化の影響で生じた小学校の余裕教室やプレハブ施設を活用して、小学校区ごとに公民館を設置し始めました。昭和六〇年～平成六年には、校区公民館の鉄筋化を進め、現在も全校区への設置をめざして、年次的に整備を続けています。設置目的の基本思想は、第一次生活圏に最も近い小学校区ごとに社会教育の拠点を配置することです。校区公民館の最大の特色は、住民の日常生活圏内で学習や交流の機会をふんだんに提供できることです。

鹿児島市教育委員会の方針は三点です。第一は、地域住民の日常生活圏に社会教育学級など生涯学習の場を提供すること、第二は、小学校区内の各種機関・団体の連絡調整を行うこと、第三は、児童会活動、クラブ活動、スポーツ少年団活動、教職員の研修などで学校教育活動と社会教育活動を連携させることです。

校区公民館の設置効果は四点に要約できます。

①身近なところに生涯学習の場や機会が確実に広がり、校区民が主体となる生涯学習講座を実施できるようになりました。

②声かけ・あいさつ運動、不登校や非行対策、子どもが参画する地域行事など各校区で青少年の健全育成における学社連携事業の展開が可能になりました。

③地域づくりに対する市民意識が高揚し、地域課題の解決に総合的に取り組めるようになりました。

④夏祭りや体育祭、文化祭など、校区全体の融和と親睦を図る事業が実施され、校区内のグループ・諸団体の意思疎通、各種コミュニティ活動の推進が可能になりました。校区公民館の設置によって鹿児島市のシステムは、広域をカバーする地域公民館（条例公民館）と、日常生活圏のまちづくりと学社連携を推進する校区公民館の二段階構造になりました。

「校区公民館制度」の成果は明白でした。鹿児島県警が、一八歳以下の子どもが傷害や恐喝、強制わいせつなどの犯罪被害に遭った割合を示す被害率を分析したところ、平成一六年中の鹿児島市の子どもの安全度は、全国一位(＊＊)であることが分かりました。平成九年は三九位でしたから著しい効果を上げたと言っても過言ではないでしょう。

まさに、小学校に公民館を併設し、学校と社会教育をつなぎ、地域住民の連携を促進した「校区公民館制度」の成果であると言えます。

さらに、鹿児島市教育委員会は、「校区公民館制度」を活用して、一五小学校を選び出し、校区公民館との連携を図りながら、文科省が唱導した「学校支援地域本部事業」を進めました。学校の中に地域住民から構成された学校支援ボランティアを導入し、学社連携の実現と地域ぐるみで子どもを育てる体制づくりに挑戦しました。(***) 校区公民館の最大の特性は、学校と社会教育施設が同一敷地内に隣接していることです。「学校支援地域本部事業」においてもこれまでの連携実績と体験がフルに活用されたことは言うまでもありません。学校支援ボランティアの総登録数は一一八四人にのぼり、算数学習支援、英語劇練習支援、書写「書初め」支援、陸上記録会練習支援、読書活動・各学級における朝の「読み聞かせ」支援、環境整備・樹木の剪定・花苗の仮植作業支援、子どもたちの安心・安全「防犯パトロール」支援活動を行っています。小学校と公民館の併設が事業の効果を上げている要因であることは明らかです。

学校と社会教育拠点を同一敷地内に隣接させ、第一次生活圏の共通課題に取り組ませる「校区公民館制度」は百の議論に優る学社連携の推進が着実に機能していることを証明しているのです。

＊有村博文（鹿児島市）「学校と地域の連携による生涯学習の推進「校区公民館制度～まちづくりは校区コミュニティから～」第二七回大会発表資料、平成二〇年

＊＊鹿児島市教育委員会「鹿児島市の安心安全　被害率でみる子どもの安全（鹿児島県警調べ）」第二七回大会発表資料、平成二〇年

＊＊＊有村博文（鹿児島市）「一五小学校と校区公民館による学校支援地域本部事業での学社連携～地域ぐるみで子どもを育てる体制づくり～」第二八回大会発表資料、平成二一年

(2) 小学校の中に校区公民館――福岡県小郡市「のぞみが丘生楽館」

福岡県小郡市の「のぞみが丘生楽館（以下「生楽館」と略す）(*)」は学校の中に併設された公民館です。併設の目的

は、学社融合の実現と生涯学習まちづくりの推進です。「生楽館」はのぞみが丘小学校の校舎内の一室に設置されています。地域住民は平日を「生楽館」で活動し、夜間・土日は社会教育に開放される学校内の特別教室を活用して、さまざまなサークル、講座などの事業を展開しています。鹿児島市の「校区公民館制度」と同じく、隣接する学社の施設が連携促進の鍵になっています。「生楽館」講座では、わが町歴史散歩講座、パソコン講座、健康料理講座、読み聞かせ講座、中学生の勉強室、地域文化祭などが実施されています。講座の成果は、関係者の連携協力を可能にしたことです。具体的には、学校とＰＴＡと地域と自治区（公民館）の四者連携が密になり、事業の企画・運営を協働する中で、のぞみが丘小学校区コミュニティの大きな輪作りに発展しました。小学校区を中核にして中学校区のまちづくりにも貢献しているのです。学社連携を強力に進めるためには、学校教育施設と社会教育施設をコミュニティの日常生活圏に隣接して配置し、両者が協力しやすい物理的環境条件を整えることが重要です。小学校の中の校区公民館設置の効果は「生楽館」によっても証明されているのです。

＊松熊小和子（福岡県小郡市）「学校の中にある公民館の学社融合―『のぞみがおか生楽館』の生涯学習まちづくりプログラム―」第二八回大会発表資料、平成二一年

⑶　学校現場に行政職員を配置する「教育支援コーディネーター制度」

島根県雲南市は学校現場に行政職員を配置する「教育支援コーディネーター制度」(＊)を導入しています。「教育支援コーディネーター制度」とは「教育委員会職員を市内各中学校区（七校区）に駐在させることによって、行政が学校現場の実態に即して具体的に把握し、各種課題の解決のために行政の力を迅速に導入する」ことを目的とした独自の学校と行政の連携システムです。また、各中学校に配置された「教育支援コーディネーター」は、学校現場での活動を通して雲南市の教育基本計画に含まれる一連の施策をスムーズに実現することを意図しています。本制度の導入によって学校が変わり始めました。学校が評価する「教育支援コーディネーター」の効果は以下の

通りです。

①教職員の意識改革が起こりました。従来に比べて授業への取り組みの幅が広がりました。

②コーディネーターの仲立ちによって学校と地域の連携が強化されました。

③情報の共有化や考え方の相互理解が進んで、教育行政と学校との関係がよりよい方向に改善されました。

④小・中学校間の連携も密になりました。

⑤雲南市の掲げる教育施策が具体的に前進しました。

最後に、コーディネート機能の重要性を意識化した結果、教育委員会職員の資質も結果的に向上しました。

学校側は学社連携に消極的なようでした。学校側の発想や姿勢を改革するためには、学社施設を隣接させることで連携を促すか、学校現場に実際的な連携の促進を担当する行政職員を駐在させることが効果的です。「教育支援コーディネーター制度」は両者の協力を仲立ちする「促進者」を導入することで実際に連携効果を上げているのです。

*加藤雄二ほか（島根県雲南市）「学校現場に行政職員を配置する『教育支援コーディネーター制度』に関する実践報告」第二七回大会発表資料、平成二〇年

⑷ 学校施設を開放した地域「有志指導者」による「保教育」実践

福岡県旧豊津町は、通常の学童保育に代替し得る「豊津寺子屋(*)」を設立しました。「豊津寺子屋」の指導は「有志指導者」と呼ばれる住民ボランティアが行います。対象は小学校の一年生から六年生まで、学期中は放課後、土曜と夏休み中の平日は全日制の、月〜土曜日の「保教育」プログラムです。事例発表時の事務局は役場内の人権対策課男女共同参画係です。「豊津寺子屋」の施設上の特徴は、町内三小学校の本校舎を含む施設を学童保育のために開放したことです。発表資料によれば、事業の考え方は「①子どもの居場所を確保し、子どもの元気を保障す

る、②指導者には、熟年を中心とした住民の力を借りて、官民協働の事業とする。併せて、熟年の方々に活動の舞台を提供して、元気を回復する、③夏休みや放課後に保護者が安心して子どもを預けることができるシステムを地域につくり、女性の社会参画の条件を整備する、④住民が子どもを知り、子どもが住民を知ることによって、地域での交流を高め、併せて子どもの安全を守る、⑤子どもの居場所を学校にこだわる」としています。学校を子どもの居場所にして地域の熟年者の活躍の場を開発するということが特徴と言えます。「豊津寺子屋」は学校施設を中核として、保育活動の中に教育プログラムを導入して、親と熟年者と子どもをつなぐ世代間交流のシステムにもなっているのです。「豊津寺子屋」事業の中核機能は、保育と教育を統合した「保教育」として概念化され、安心で安全な「居場所づくり」と発達支援の「活動プログラム」を結合したものです。プログラムの具体的な目的は、①放課後及び休暇中の小学生のための健全育成プログラムを提供する、②さまざまな課題に当面している保護者に対する子育て支援の場を創造する、③町民なかんずく熟年者を中心とした「有志指導者」を組織化して地域の教育力を活性化する、④「養育」に対する社会の支援システムを整備し、女性の社会参画の機会を拡充する、⑤学校週五日制に対応し、子どもたちが自由時間を充実させる、の五点に要約されています。

最も注目したいのは、小学生を対象とした事業に、地域の熟年者を指導者とした教育プログラムを導入し成果を挙げていることです。子どもの保育と発達支援はもとより、プログラム指導の役割と責任を負うことによって、熟年者自身の活力が向上するという高齢者支援の教育効果を同時に達成しているのであり、併せて、男女共同参画社会が求める子育て支援にも一役かっているのです。関係者が子どもと高齢者を組み合わせて行う「保教育」には「一石数鳥」の効果があると表現しているゆえんです。

＊高津はるみ・中村彰夫（福岡県豊津町）「『有志指導者』による全日制『豊津寺子屋』の『保・教育』実践の原理と方式―」第二四回大会発表資料、平成一七年

⑸ 学校を拠点とした児童期生涯学習支援総合プログラム

福岡県旧穂波町は学校週五日制対応策として「いきいきサタデースクール」[*]を設立しました。この事業は、毎週土曜日（一回二時間）、学校の教室を活用して小学校三年生以上の児童を対象に開設しています。その指導者は地域住民から選ばれた登録者です。ここの特色は、①学校を拠点としている、②指導者は地域住民の登録者である、③一回一〇〇円の受講料をとっている、④学習は自学自習を原則とするが、詩歌等の朗読・暗唱、主要教科のドリル式学習（繰り返し訓練）、検定試験への挑戦等を導入している、⑤講座のねらいを「基礎学力の向上」「自学自習の習慣」「基本的生活習慣」と定め、受講者心得に「学習面」「あいさつ面」「清掃面」「生活面」のルール化がなされていることです。学校を活用して、地域の指導者で小学生の学習支援・基本的生活習慣獲得支援ができるのです。学校を拠点とした児童期生涯学習支援総合プログラムです。後年この事業は、土曜日限定の学校週五日制対応事業から学童保育に匹敵する全日制の「子どもマナビ塾」に進化し、放課後一八時までは〝学校が責任を持って子どもの安全を保障する〟という画期的な学社連携事業に発展しました[**]。平成の大合併によって穂波町が飯塚市と合併後、飯塚市は市内の全公立小学校に高齢者の自主学級を併設し、高齢者自身の活力の向上と学校支援ボランティアとしての機能を併せ持つ「熟年者マナビ塾」を設立します。「熟年者マナビ塾」は「小老共生」をスローガンとして学校が学社連携に向かって動いた希有の事例です[***]。学校が地域の課題を自覚し、社会教育との連携を積極的に推進した時、「子どもマナビ塾」も「熟年者マナビ塾」も地域を根底から変革する潜在力を秘めているのです。

＊緒方眞由美（福岡県穂波町・現飯塚市）「学校を拠点とした児童期生涯学習支援総合プログラムの理論と実践―『いきいきサタデースクール』学校週五日制対応策―」第二三回大会発表資料、平成一五年

＊＊詳細は本書Ⅱ-3、森本精造「少子・高齢化に対処する『学社連携』を基軸とする教育施策の思想と戦略」参照

＊＊＊大音嘉之・手塚豊子・籾井憲作・山本健志（福岡県飯塚市）「『小老共生』～学社連携に向かって学校が動く～飯塚市『熟年者マナビ塾』の思想と実践」第二七回大会、特別企画：インタビュー・ダイアローグ資料、平成二〇年

4 未来の必要――新しいシステムの開発と実践

(1) 〝変わらなければならない〟学校・地域の支援システム

鹿児島市の事例に見る通り、学校に地区公民館を併設して、地域住民が指導者として活動する、学校を拠点とした教育プログラムを導入することによって、学校も地域社会も意識が変わり、相互の関わり方が変わり、全体の教育力が向上したことは明らかです。こうしたなかで、新しいシステムづくりも、プログラムの開発も、連携・協力の方法についてもそれぞれの手順・手法が開発され、報告されています。しかし、問題は、これら成功事例のモデルはその後も発展的に継承され、各地に波及・伝播しているかどうかは疑問です。残念ながら、成功モデルの大部分は特定地域に限定され、その思想や方法は広がっていません。成功例が示されても、未来が必要とするシステムづくりには継承されていないのではないでしょうか。地域の教育力の向上に資するためには、地域住民や関係教育機関の力を総合的に発揮できる継続的なシステムの構築が不可欠です。地域政策も、教育政策も、地域全体を視野に入れた総合的システムに〝変わらなければならない〟のです。

(2) 学校を中核とした地域づくり――なぜ学校が中核になるシステムが必要か

明治五年の学制発布の時、わが国の先人たちは「学校を自分たちの町の一番良いところ（場所）・一等地に建て、子どもの教育、子どもの未来に希望を託した」と言われています。ところが今、社会の急激な変化の影響を受けて学校が地域から孤立化してきています。自分の勤務校の地域の人・組織・施設・文化伝統を知らない教職員が多くなっているようです。その結果、地域との信頼関係が薄い教職員が増えていると言われています。地域の教育力の向上には、地域の「ヒト、モノ、カネ、組織、情報」が連携・協働する事が求められます。ヒトの連携、施設の連携、情報の共有を前提に、それらが総合的に動くシステムの構築が求められるのです。具体的には、学校敷地に

「学校教育・社会教育・地域福祉・健康・幼保」施設を併設して、学校を地域コミュニティの核にした新しいシステムづくりをめざすのです。「学校が中核」となることのメリットは、①人が連携しやすい、②関係機関団体の横の連携がしやすい、③地域社会にとって、学校は最も身近な学習機関である、④学校にはプロの教師が身近にいる、⑤学習施設が整っている、⑥学習のための機器が備わっている等々です。

小学校区に公民館を併設した「校区公民館制度」、小学校の中に校区公民館を設置した学社複合施設、「教育支援コーディネーター制度」等の先行事例が今後の可能性を示唆しています。さらに、併設された施設が耐震構造の危機管理に対応したものとして整備されるならば、学校は名実共に、地域の安心・安全の拠点となるでしょう。たとえば、千代田区立佐久間小学校内の「ちよだパークライドプラザ」は、同一敷地内の同一ビルに、佐久間小学校、佐久間幼稚園、いずみ保育園、教育研究所、学童保育等が入り、コミュニティの複合施設になっています。

⑶　地域住民を活用した有償の「外部委託制度」を導入する——連携から外部委託へ

学校を拠点とした施設併設や諸施策を提言すると、学校側から「学校をますます忙しくする」との声が聞こえてきそうですが、今や時代は変わったのです。明治以降続いてきた、「変わらない学校・変わりたくない学校」の時代は終わったのです。学校週五日制になっても、学校が閉鎖的で、仕事を抱え込んでいたら忙しさは変わりません。勤務時間が少なくなった分、かえって仕事は忙しくなるのです。学校業務をスリム化するシステムとは、学校の業務を可能な限り外部化することです。学校をスリム化すれば、教師集団が教育（指導・相談）に専念できる環境が整います。

学校が抱え込んでいる業務を誰に委託するかということですが、その担い手こそが、目的別に組織された地域住民です。地域の人々がボランティア、生き甲斐づくり、地域貢献、地域社会の形成に参画・寄与する仕組みが対象となります。「豊津寺子屋」、「穂波町サタデースクール」、「穂波子どもマナビ塾」、「飯塚市熟年者マナビ塾」の成功事例が証明したように、地域住民組織は地域課題を解決するための外部委託に対応できるのです。まさに、学校のスリム化は、有償ボランティア組織に外部委託して任すことで実現します。外部委託が突破口になると言えます。

さらに、今後は、地域の互助組織である町内会、自治会、地域防犯・防災パトロール等も有償ボランティア組織に外部委託することを検討することが求められます。

そのためには、地域住民の組織を、組織として一定の基準を満たし、公に承認された信頼性のあるNPO法人に育てていくことも行政の責任です。これによって、学校も、地域も、地域住民も子どもたちも元気になるのです。なぜなら、人を支えること、人の役に立つことは、それ自体が喜びとなり、生き甲斐ともなります。さらにこの方向性は、これまで「官」が独占してきた領域を「公《おおやけ》」に開き、「新しい公共」の担い手を拡大する社会制度の開発につながるのです。

成功したモデルを概観して分かることは、学社連携が学校から始まった事例は皆無です。「校区公民館制度」は鹿児島市や小郡市の教育行政の発想です。「教育支援コーディネーター」の学校への導入も雲南市の教育行政の発想です。「豊津寺子屋」は首長と男女共同参画担当行政の発想です。「穂波子どもマナビ塾」と「飯塚市熟年者マナビ塾」は教育長の指示によるものです。諸般の課題を抱える学校も地域も〝このままでは良くない〟〝変わらなければならない〟と考える学校教育・社会教育行政関係者は多いと思います。しかし、問題は山積し〝変わらない〟のです。このように考えてくれれば、せっかくの成功モデルが普及・拡大しない根本原因はわが国のどこかに問題がありそうです。学社連携もコミュニティ・スクールの思想も工夫と姿勢次第で変わるのです。もっと国の行政を動かし、新しいシステムの構築を促す「ロビイスト」活動のような強力な動きが必要になると思われます。

Ⅱ-6

市民による市民のための生涯学習システム
――生涯学習社会と言いながらなぜ市民の知識と技術を生かさないのか：「むなかた市民学習ネットワーク」事業の革新性

弓削　暢彦
野見山　和久

1　生涯学習時代の到来

〝いつでも、どこでも、だれでも〟学習できる生涯学習環境整備として、社会教育行政は学習機会の提供のため、公民館をはじめさまざまな社会教育施設で多様な講座や学級を開設してきました。生涯学習の推進施策は高齢社会の到来と相まって市民の日常に浸透し、成功のうちに推移しています。二五周年時の大会記念総括が「従来の多くの『鑑賞者』は『作成者』となり、『観戦者』は『プレーヤー』となり、『読者』は自ら『作家』となり、『視聴者』もみずから『演技者』や『演奏者』となったのです。生涯学習センターや公民館で行われる『生涯学習フェスティバル』や『文化祭』には素晴らしい焼き物、書画、彫刻、刺繍、木工物、演劇、コーラス、舞踊などが勢揃いして壮観です。自らが創造活動に参加する市民の活動成果は増加の一途をたどっている」と三浦氏が指摘した通りです。(＊)

以後も学習者数は順調に伸び、多くの市民が多様な学級・講座に参加しています。(＊＊)

＊三浦清一郎編著『市民の参画と地域活力の創造』学文社、平成一八年、二三頁
＊＊社会教育調査（平成二〇年度）によると、教育委員会・公民館等が開設する学級・講座の受講者数は平成一九年度約二七二七万人と平成元年度約一七四四万人と比較しても一〇〇〇万人ほど増加しています。

2　実現していない学習成果の社会還元

一方、自主的で主体的な生涯学習の原理は、同じように自主的・自発的な生涯学習ボランティアにつながるはずだという考え方で、社会教育の分野では学習成果の社会還元が強調されてきました。学級・講座を終了した市民は、学習の成果を生かすために、学習支援のためのボランティアや講師等として活動するボランティア登録制度への登録が広く推奨されています。(＊) しかし、学習の修了者が登録者となっても、そのまま学習支援やボランティア講師として社会的活動に十分参加できない状況が見受けられます。学習者の多くはリピーターで、多くのプログラムで学習者が重複していることも多いのです。これらの学習者は乞われるままにボランティア名簿に登録はしますが、自主的・自発的なボランティア実践にはほど遠いのが実情です。登録者と実践者の間には大きな落差があることが現行社会教育のアキレス腱です。なぜ生涯学習プログラムへの参加者は学習成果を社会に還元しようとしないのか。その問題意識こそが、本稿が取り上げた「市民学習ネットワーク」事業分析の背景となっています。登録者はそれなりに社会貢献の意志のある方々ですから、この方々を真に日常の学習支援活動に導く適切な施策が講じられれば、彼らの潜在的な活動が大きな成果を生むことは疑いありません。しかし、事実はそうなっていないのです。

施策の建て前は、人々の学習機会を充実するにとどまらず、個人が学習した成果を適切に評価し、個人の活動を地域社会におけるさまざまな社会活動や教育活動に生かす場の拡充が必要であるということです。ボランティア登録制度はそのための工夫の一つです。

しかし、私たちが地域の現状を見ると、実際のシステムは形骸化し、登録者数が増えただけで、活用プログラムは機能していません。学習修了者を招請する社会還元のステージもほとんど見受けられません。それゆえ、生涯学習は生涯学習ボランティアにつながるはずであるという建て前はスローガン止まりで、学習者の学習成果は社会的活用には結びついていないのが実態です。原因は明白です。現行の生涯学習施策には、学習者の能力や経験を社会貢献に結びつけるための施策の展開が極めて不十分だからです。行政主導型で展開されて来た従来の社会教育は、学習者に対しても、登録した指導候補者に対しても行政依存の心理的風土を形成してきました。そのため、行政側の「お膳立て」を待ってはじめて指導者と学習者が出会う「仲介機能」が成立します。行政主導は必然的に行政依存を生み出しているので、行政が自ら「コーディネーター」や「仲人」として「学習から指導へ移行できるシステム」を設定する必要があるのです。「仲介機能」こそがボランティア指導者活用の最低条件であり、単に登録制度をつくるだけでは到底社会還元のシステムは機能しません。

そこで本稿では、いわゆるボランティアの「市民教授システム」を確立して、市民の知識と技術を生かして市民の学習機会を拡充してきた「むなかた市民学習ネットワーク」事業の二五年の歴史が提起している原理と方法について考察していきます。

＊平成二〇年度社会教育調査によると、社会教育関係施設におけるボランティア登録者の総数は六〇・六万人と過去最高になっています。

3 「むなかた市民学習ネットワーク」事業の理念と経緯(＊)

(1) 創設時の背景

発端は昭和五五年に実施された全町民対象の社会教育基本調査でした。調査によって住民の学習希望・活動意欲が極めて高いことが判明しました。「知識・技術を習得したいと思っている」と市民の約八三％が回答し、その内容をみると「自分の趣味や教養を高めるための知識・技術」という回答が六六・六％と最も多くなっています。また、ボランティア活動参加の意思では、「是非やりたい」、「やりたい」、「やりたいが今はできない」と答えた住民を併せると七八%になりました。回答者が想定した活動内容の多くは、自分が「公民館やサークル活動などで、人に何かを教えたり相談相手になったりすること」でした。まさしく「生涯学習支援ボランティア」をイメージして回答した人が最も多かったということです。当時の教育委員会は、調査結果に驚き、中でも住民の学習ニーズの高さとボランティア活動の意欲の旺盛さに着目し、市民が市民に教授するシステムの設立を発想したのでしょう。「市民教授」は原則としてボランティア活動ですから、指導者は「有志指導者」と名づけられました。「有志指導者」の発掘、認定、登録、研修、学習者への仲介は教育委員会の意図を受けた市民学習ネットワーク事業事務局と事務局を監督する運営委員会が担当しました。講習の指導者と学習者を発掘・仲介する機能を専門とする組織をつくったということです。上述した一般的なボランティアの登録制度と最も異なるところです。生涯学習支援が単なる学習支援にとどまらず、市民相互を結びつける「交流」を促進する機能を発揮するところに注目し、事業は『むなかた市民学習ネットワーク』と命名され、昭和五九(一九八四)年に発足しました。

(2) 事業目的とシステムの原理(**)

市民教授のシステムはアメリカでは「学習交換(learning exchange)」と呼ばれます。「教えることのできる市民」が「学ぶことを必要とする市民」に学習機会を提供するので、領域やテーマによって学習者と指導者が入れ替わり、お互いに必要な学習を「交換」することがシステムの中核原理になります。「交換」を促し、仲介機能を果たすのが「交換所」ですが、福岡県宗像市の場合は具体的な仲介事務を担当する事務局と事務局のあり方を管理監督する運営委員会です。

本事業の基本原理は、「市民の多様な学習要求に対応する人的教育資源(指導者の知識、技術)は市民自身の中に存在するはずである」という考え方です。教育が制度化され、指導者がいわゆる専門家によって占有される以前の時代は「できる人」が先生になって「必要な人」に教えていたはずです。したがって、本事業の市民教授：「有志指導者」は資格、学歴、性別、年齢を問いません。要は、「できる人」を発掘・養成し、その活用を図ることが目的です。市民と市民が出会えば、市民の相互教育、相互学習の機会が高まり、いつでも・どこでも・だれでもが身近な場所を利用した学習を行うことが可能になります。有志指導者はボランティアですから、指導に要する交通費や材料費などの「費用弁償」を支払ったとしても、自分たちのやりたい学習を少人数かつ低料金で組織化できることが本事業の特性になります。

⑶　組織と運営

市民教授―市民学習システムの運営方針は「市民学習ネットワーク事業運営委員会」が決定します。運営委員は現在一四名で、市役所の担当職員、学校教育の代表、学習者の代表、「有志指導者」の代表、学識経験者などで構成されています。毎月一回運営委員会を開催し、事務局機能や各クラスの運営状況を確認するなど事業運営の指導監督にあたっています。年に一度（六月）「有志指導者」の総会を開催し、現状報告と新しい改善提案を受け付けています。

設立当初は町の文化協会への補助金を経由した宗像市の間接委託事業として出発しましたが、紆余曲折を経て平成二一年度からは宗像市の委託事業として、自主的な運営を行っています。

＊赤岩喜代子「市民による市民のための生涯学習プログラム」第二〇回記念大会発表資料、平成一三年。発表時点以降現在までに変更・改正された内容については追加記載しています。

＊＊竹村功・三浦清一郎「小都市における人材ボランティア活用事業の企画立案についての方法論的考察」第一回大会発表資料、昭和五七年

4 「むなかた市民学習ネットワーク」事業の革新性

(1) 市民の教授可能領域のプログラム化

市民教授システムの原理は、能力と意志と協力の姿勢さえあれば、「誰が指導してもいい」ということです。教育指導の自由は、表現の自由や言論の自由とつながっている原理です。それゆえ、本事業は、「教えること」の自由を重視し、資格や学歴や経験年数など通常の専門性評価の基準とされる条件を排除しています。「指導能力」または「できるか否か」の判断は第三者の市民「推薦者」の判断に任され、提供されたプログラムが学ぶに足るか否かの判断は学習する市民が下すという原則です。したがって、指導の領域は市民が提供できる知識・技能・技術・経験等あらゆる分野をプログラム化して提供するという原則を掲げています。

現在分類されている指導領域は人々の日常を網羅した次の五分野です。

A　趣味・お稽古ごと
B　家庭生活・日常生活
C　スポーツ・レクリエーション
D　教養
E　伝承文化

上記の五領域は指導者が登録する個別プログラムに細分化され一〇〇種類を越えて小項目に分かれます。ただし、市民が自由に指導することができる領域と言っても、教育行政が支援する事業ですから、法的・社会的規範の関係で当初からいくつかの付帯条件がつけられました。たとえば、爆発物・ダイナマイトの製造指導とか単独で行うウインド・サーフィン指導など著しい危険を伴うものは禁止されました。またポルノ映画の制作など現行の法律に抵触しないこと、さらに宗像市の状況を勘案してマッサージやピアノ指導など一般化している職業を著しく圧迫しないことなどでした。

(2) 指導者発掘法の特性(*)

①「有志指導者」とは誰か

この事業の指導は、「有志指導者」によって行われています。有志指導者とは、「地域のために自分の腕を貸そう！」という人です。生涯学習の推進事業ですから、換言すれば、「有志指導者」とは「生涯学習指導ボランティア」と同じ意味です。

「有志指導者」の指導領域は、生活や仕事の中で培った知恵や技術です。「有志指導者」は本事業が設定した研修を経て認定されれば、学習者と指導者が相互に入れ替わります。相互学習は結果的に市民の交流を促進することになり、地域の融和を促進し、学習の縁につながる仲間をつくることを促進します。当時の宗像市は急速に都市化が進展し、新流入人口と旧来の住民との融和を必要とした背景もありました。もちろん、「有志指導者」本人にとっては自分の知恵や特技を生かすことによって、生き甲斐、やりがいが生まれます。

②特性1：第三者推薦制

「有志指導者」の発掘・養成は公募制ではなく「第三者による推薦」を原則としています。第三者ですから家族も推薦者にはなれません。推薦者は自らの推薦に当然社会的責任を意識し、被推薦者は推薦者の信頼を裏切らないだろうという日本文化の社会心理学的特徴を重視した発掘方法と言っていいでしょう。

③特性2：発掘には専用の事業広報紙を活用

事業の設立当初から専用の全戸配布の月刊広報紙「コミュニティ学習新聞」を発行し、現在は市の広報紙の一部専用スペースを使った「むなかた市民学習ネットワーク」のニュース面を確保しています。指導者の発掘からプログラムの広報・募集まで専用広報紙が市民周知の方法です。

④特性3：面接が必修

推薦にあたって、推薦者は被推薦者の同意を得る場合もあり、同意を得ない場合もあります。どちらの場合も事業の趣旨を十分理解していただくため、対等の市民との良好な関係を確実なものとするため、運営委員会によるオリエンテーションを兼ねた面接を受けることになります。運営委員会の面接を経た者だけが候補者と認定されます。市民を支援し、市民間の交流を促進する役目を負うことになる方々ですから、当初から面接は、実際の指導能力の聞き取りに加えて、円満性、公平性、友好性、積極性などに留意して行われてきました。市民の交流を進めるはずの事業が摩擦や対立を生むようでは意味がないので面接は不可欠です。面接の結果、指導者として認定されなかった被推薦者もいます。

⑤特性4：認定講習および継続研修の受講

被推薦者は面接に合格した段階で「有志指導者」認定講習を受けます。講習では、「市民学習ネットワーク」事業の仕組みや「有志指導者」になるために必要な事柄を学びます。認定講習が終わると「有志指導者」認定証が与えられ、市民の方々への指導を始めることができますが、指導者は二年の任期ですから三年以上の指導の継続には二年ごとの継続研修を受けることが必要になります。近年は認定講習と継続研修が統合された形で行われています。

*末崎ふじみ・高野直哉「小都市における人材ボランティア活用事業の研究」（その一〜その三）第二回大会〜第四回大会発表資料、昭和五八年〜六一年

⑶ 学習活動組織化の方法と学級活動のしくみ(*)

①特性1：学級の成立条件を五名としたこと

学級成立のための最少人員は五名（近年六名に改正）であり、通常の社会教育における学級生募集の条件に比べ

れば学習活動を組織化する条件は格段に簡単です。

②特性2：二種類の組織方法

学級には「自主学級」と「公募学級」の二種類があります。「自主学級」は市民学習者が自主的に参集した学級で、学習希望内容に応じて講師の紹介・斡旋を事務局に要請することができます。

一方、「公募学級」は広報紙上にプログラムが紹介され、応募者が五名（現在は六名）以上になったら学級が成立し、指導が開始されます。

③特性3：学習組織の自主運営

二種類の学級とも、運営は基本的に学習者による自主運営を原則とします。会場や日時は「有志指導者」と学習者が話し合いで決定し、学習料、会場費、材料費などの徴収、振込、会場の設営、学習者の出欠・入退管理は学習者自身が行います。

④特性4：格安の受講料

「有志指導者」はボランティア指導者ですから、費用弁償費は支払っても報酬や謝金は不要です。結果的に、「コーヒー一杯」の値段で学習ができるようになりました。この事業の最大の利点が集約された特徴です。設立当初は〝珈琲一杯で学習を!!〟がキャッチフレーズになりました。受講料は一回二時間を基準にして三〇〇円→三五〇円→現在は四〇〇円と変遷してきました。学校や人数の多い団体が講師を招く場合には受講料の減免措置が制定されています。

⑤特性5：ボランティア指導に対する費用弁償の支払い

「有志指導者」はボランティアですが、事業の主催者から費用の弁償が行われます。費用弁償は指導内容にかかわらず一回二時間を基準として当初二〇〇〇円、現在二五〇〇円です。「有志指導者」の傷害保険は事業の主体者が一括加入して負担し、学習者は各自で加入します。

⑥特性6：年間ののべ学習者数は六万人

市民学習ネットワーク事業の有志指導者は約一五〇名、年間ののべ学習者数は六万人になっています。もちろん、市内最大の学習システムです。

⑦特性7：事業の自立・自転が目標

本事業の最終目的は運営と活動を自立させ、行政の支援がなくても事業を自転させることです。当初から現在まで事務局担当者の給与や広報紙面の提供などは行政に依存せざるを得ませんが、受講料と費用弁償のバランスを取ることだけは可能になりつつあります。一般的な行政主導型社会教育の大部分は行政職員が担当し、彼らの給料をはじめ、講師の謝金、旅費、会場費、光熱水費に至るまで公金を投入せずには大規模学習はほとんど存在しません。「市民学習ネットワーク」事業は希有の例外に近い事業なのです。

＊「むなかた市民学習ネットワーク」のしおり

⑷　運営上の特別留意点

①留意点1：「有志指導者」の研修、交流、親睦

定例もしくは随時に「有志指導者」連絡会議や「有志指導者」研修会・親睦会を開催し、学習活動の情報交換および指導者相互の連絡・交流を図っています。また「有志指導者」の視察研修も実施しています。

②留意点2：指導成果の定例発表会の開催

指導・学習の成果の発表と広報・発掘を兼ねて、本事業では定例的に学習発表会を年一回実施しています。

③留意点3：「コミュニティ学習新聞」による広報と社会的承認

「有志指導者」と学習者の活躍を報告し、広く社会的承認を得るため全戸配布の月刊の「コミュニティ学習新聞」紙上に学級生の募集や学習風景のレポートなどの情報を掲載しています。

5 「むなかた市民学習ネットワーク」事業の功績

①学習者の発掘と生涯学習の推進

前述の通り年間学習者ののべ総数は六万人です。「市民学習ネットワーク」事業の参加者はどの公民館や生涯学習センターの事業とも比べものになりません。しかも、公金はほとんど投入していないのです。

②群を抜く「費用対効果」

本事業はボランティア指導者の活用事業ですから、言うまでもなく公的社会教育事業に比べて費用対効果は比べようもなく高いのです。

③市民間交流の促進と深化

大会報告で発表された指導者と学習者のアンケートによると、「学習を通して親しくなった」と八割を超える方が回答しています。このことは学習の輪の広がりとともに指導者と学習者・学習者同士が友人としての交流を深めていると見ることができます。市民教授システムの副産物は市民間交流の促進と深化なのです。

④多様な市民だからこそ対応できた多様なニーズ

市民の職業も経験も実に多様であり、当然彼らの特技も知識も多様であり、それが「有志指導者」講師陣の特性になっています。多様な市民だからこそ多様なニーズに対応できているのです。

⑤指導者のやり甲斐と生き甲斐を支援

「有志指導者」は指導にやり甲斐と生き甲斐を見出しています。自分の特技を生かし、充実感が得られます。相互学習を通して人との連携が生まれ、人づくり、まちづくり、ふるさとづくりの意識が生じています。

6　未来の必要――「むなかた市民学習ネットワーク」事業が提起したもの

この事業が未来に提起している主なものは以下の通りです。

第一に市民の潜在力に着目し、市民の職業経験や人生経験が蓄積してきたものを生涯学習資源として活用したところに最大の特性があります。特に、新しい住宅地を開拓して発展してきた宗像市のような地域には絶えず新しい人口が流入し、そこから継続的に新しい「有志指導者」が発掘できることが利点になっています。

第二に市民ボランティア指導者を「タダ」で使い捨てにしなかったことです。この事業が二五年続いた最大の理由は費用弁償制にあると言っても過言ではありません。これに対して、一時全国的に流行を呈した各地の人材バンクはボランティアの「無償性」原則にとらわれ、市民の好意や善意を「タダ」で使い続けました。活動費用の弁償を制度化できなかった大部分のシステムは機能しないままに消滅または休眠したのです。

第三には運営を行政から切り離し、市民の自律的な運営システムを行政が支援するというシステムを守り通したことです。「市民学習ネットワーク事業運営委員会」は時の行政方針から比較相対的に独立していました。結果的に市民が構成する「運営委員会」制度は、二五年を過ぎた今でも市民の意向を広く汲み上げ、「有志指導者」の賛同を得て開始当時とほぼ同じ運営が行われていることは、システムとして大変有効であったことが証明されていると言えます。多くの学校や行政により運営されているボランティアの登録活用制度は「むなかた市民学習ネットワーク」のシステムを学ぶとともに、このような市民の組織を育成支援する必要に迫られていると考えます。

第四は生涯学習の「受益者負担制度」を守り通したことです。学習の成果が基本的に学習者本人にしか還元されない学習の経費は、原則として公金に頼らず、自己負担で行われるべきでしょう。日本の社会教育が生涯学習に切り替えられて以来、公金を投入した社会教育が実施した学級講座の大半は個人学習支援になりました。当然のことですが、今、財政難が到来して行政主導の学級・講座は削減や廃止に追い込まれました。「市民学習ネットワーク」

事業が継続しているのは、個人学習の経費をシステムの創設時から市民自身が支えているからなのです。

第五に学習（学級）の自主運営方式は生涯学習システムにおける行政の負担を著しく軽減しました。通常の公民館等のプログラムは案内チラシの作成から会場づくりまですべて常勤または非常勤職員が行います。事業の実施に投入された職員の給与と時間の累積がどのくらい膨大であるかを考えれば、自主運営方式の功績は明らかでしょう。また、自主運営方式は市民の自律的学習の意欲や姿勢を向上させ、同時に、市民の学習の「自由度」を高めたことも疑いありません。

近年、国の答申等では生涯学習の学習成果を生かす「知の循環型社会」を唱導しています。「市民学習ネットワーク」事業こそ市民が蓄積してきた人生の教育資源を循環させ、併せて市民相互の交流を促進する先駆的な事業であったことは明らかです。今まさに高齢社会の真っただ中にあって、多くの高齢者は趣味とお稽古事を中心とした「パンとサーカス」の社会教育に振り回されています。彼らの教育的蓄積を生かし得る学校教育と社会教育の連携事業は十分には進まず、子育て支援のステージは保育と教育の分業の壁に阻まれています。元気な高齢者が、元気を失い社会的にハンディキャップを負っている高齢者を支援するような活躍の舞台も、ごく例外的にしか設定されていません。

地域社会の教育機能が衰退している現状にもかかわらず、教育NPOやボランティア団体の活動を促進する国の施策は未だに不十分な状態です。未来の必要に応えるためには、教育に使うことを義務づけた一括財源を国から地方に配分することも一つの方策として考えられるのではないでしょうか。初めは、経験も研究も浅い地方が施策の試行錯誤を続けることでしょうが、やがて地方の教育行政も社会教育機関も地域ごとの課題対応能力を蓄積していくはずです。地方が工夫し、地方に生涯教育の理念と実践が蓄積されていくことで、地方が学び合い、地方の教育力が自立する状況へ好転すると考えます。

「むなかた市民学習ネットワーク」事業の有効性が認知されたことで、宮崎県都城市では「NPOきらりネット都城(＊)」がすでに都城モデルをスタートさせています。また、福岡県飯塚市でも同様のシステム：「いいづか市民マナビネットワーク(＊＊)」が「有志指導者」と有識者の代表による運営委員会によって展開され始めています。飯塚市の場合は、生涯学習の指導者と学校支援の指導者を連動させると聞いています。市民教授システムも人材バンクも、市民による市民のための存在である点で、学校との連携がより大きな効果を上げます。今後、「むなかた市民学習ネットワーク」事業は、現在のシステムにコーディネーター機能を強化し、学校との関係を緊密化していくシステムを組み入れることで、市民による市民のための生涯学習システムとしてさらに完成度の高いものになると考えます。

近年、国の施策によって、学校を支援する学校支援地域本部を立ち上げ、学校とボランティアをつなぐコーディネーターの存在意義が問われ始めました。別稿の中川論文（Ⅱ-4 地域社会における「教育の協働」）が指摘しているように、市民の中の教育潜在力を発掘し、それらを活用するシステムを創設し、指導者と学習者をコーディネートする適任者を発掘し、「知の循環」を仲介する機能を充実していくことこそ教育行政が第一義的に負うべき任務だと考えます。「市民学習ネットワーク」事業にかぎらず、島根県雲南市の「地域教育コーディネーター」制度や福岡県大牟田市の『まなばんかん』生涯学習ボランティア登録派遣事業(＊＊＊)など地方にもモデルとすべき事業は多いと言えます。

＊都城市民の多様な学習ニーズに応えるため、学習情報の提供や学習相談事業を推進するとともに、学習者と生涯学習ボランティア指導者を結ぶネットワーク事業を展開するものです。

＊＊愛称は「e-マナビ」です。市民の皆さんが、学びの縁「学縁《がくえん》」でつながるまちづくりをめざし、いつでも、どこでも、だれでも学べるきっかけづくりを目的としています。

＊＊＊『まなばんかん』事業は、市民が学んだ成果を活用してボランティア活動を行い、生き甲斐や健康づくり、さらには社会の発展に寄与できる仕組みづくりを行うことを趣旨としたボランティアの登録派遣事業です。特徴としては、老人介護施設等の医療介護施設に対しての派遣が非常に多く、内容は医療介護施設に多い介護等の福祉ボランティアではなく、劇や歌の発表等を行う文化・芸能活動の学習支援に関わるボランティアが中心です。平成二〇年度実績で登録数：五九団体（六〇九人）、個人七四人、総数六八三人、派遣回数四二一回、派遣者数のべ一〇二七人であり、そのうち医療介護施設への派遣は二二七回と報告されています。

Ⅲ 教育方法の革新

Ⅲ-1 通学合宿で自立と自律を
――飯塚市庄内生活体験学校が示したもの

正平 辰男

1 産業構造と家族構成の急激な変化がもたらしたもの

一九五〇年代後半から日本は約二〇年間にわたって高度経済成長を遂げ、産業構造は激変しました。一九五五（昭和三〇）年四一・一％を占めた第一次産業は、五年後には三二・七％に、一〇年後には二四・七％に、一五年後には一三・三％にと五年ごとに約一〇％ずつ減り続けました。二〇〇五（平成一七）年には五・一％にまで減少しています。一方、一九五五（昭和三〇）年三五・五％を占めていた第三次産業は、漸増を続けて二〇〇五（平成一七）年には六七・三％に達しました。(*)

家族構成も急激に変化しました。一九六〇（昭和三五）年に一一七八万世帯だった核家族は、総世帯数に占める比率はほとんど変わらないものの、その実数は二〇〇五（平成一七）年には二八三九万世帯と二・四倍に増えました。他方で、単独世帯は九一万世帯から一三三七万世帯と約一五倍に増え、総世帯数に占める比率は四・七％から二七・九％に急増しました。三世代家族構成を示す「その他の親族世帯」は、六七九万世帯から五九四万世帯に減少し、総世帯数に占める比率は三四・七％から一二・四％へと激減しました（＊＊）。

産業構造と家族構成の急激な変化が大人と子どもに与えた影響は計り知れないほどの質量でした。子どもも大人も、豊かな暮らしにわが身を置くことが幸せだったことは間違いありません。多くの便利な物に囲まれた生活は快適であり、核家族の暮らしは地縁に縛られた人間関係に煩わされることも少なく幸せそのものでした。しかし、子どもをめぐる問題は続出して止むところを知らず、今後もその傾向は収まる気配もありません。その危機を察知して取り組みを起こそうとする大人はいましたが、点に止まって線にも面にも広がりませんでした。振り返ってみれば、日本全体が貧しかった頃、大人はもちろん、子どもの生活の隅々にまで、「労働」「勤勉」「努力」「忍耐」「共同」「規律」が消し難く織り込まれていました。濃密に過ぎる人間関係をくぐらずには生きられない社会であり、それは紛れもない苦痛であり、苦労そのものでした。子どもの生活場面は、家庭であれ地域であれ、容赦ない貧しさとの対峙でした。しかし、経済が高度の成長を遂げる段階に入って、「速くて便利で簡単な文化生活」を手に入れた頃から、子どもの暮らしぶりも意識も一変しました。一九八〇年代にはテレビの普及率が九八％に達し、現在は、テレビゲームとケータイ（携帯電話）がこれに加わって、子どもの過剰なメディア接触が始まりました。体験の欠損と過剰が一人の子どもに混在して修正されないという体験獲得の喪失・混乱状況は目をおおうばかりです。貧しい暮らしの中に存在したもの、それは正も負もありながらも機能して子どもに対する教育効果を上げてきた、とは多くの人々は考えませんでした。その失われたものを、豊かな暮らしの中にあっても子どもに体得させなければ、やがては重大な教育困難に遭遇して取り返しがつかなくなるとは、国も地域も企業も家族も、残念ながら、その大半は考えようとはしませんでした。

上杉孝實《たかみち》氏は子どもにとっての社会教育について次のように指摘しています。

「家族、同輩集団、近隣集団、学校、職業集団などが通過集団として子どもの社会化に大きな影響を与えることが指摘されてきました。（略）かつての家庭の教育機能が高かったかのような言説がありますが、（略）むしろ家族の教育機能は、自営業家庭などで見られた親子の共同労働によって発揮されたといえます。孤立した小規模家族では、親の育児不安も増し、子どもの人間関係も限られてきます。家族を支える上でも、子どもの社会性を育てる上でも、身近な同輩集団、近隣集団の機能が重要です。これらが自生的に成立しにくい状況にあるとき、意図的にその形成をはかるところに社会教育の機能があります。(＊＊＊)」

時代の激変がもたらすであろう教育困難は、社会教育行政の抜本的な施策に期待をつないでいましたが、社会教育の機能をはるかに凌ぐ勢いで子どもの問題は噴出して止まりません。すなわち、不登校、いじめ、校内外の暴力、非行は複合的な要因が重なって複雑さを増しています。最近は、幼児・児童虐待が数も増え深刻さも増しています。教室では、学習規律が保てないまま授業の成立に腐心する教員の悩みも深刻さを増しています。

＊総務省統計局「産業（三部門）別一五歳以上就業者数の推移－全国」

＊＊平成二二年版「内閣府ホームページ政策統括官共生社会政策担当・少子化対策」『子ども・子育て白書全体版』付録　基礎データ　3．世帯の変化

＊＊＊上杉孝實「子どもの社会教育の展開」上杉孝實・小木美代子監修『未来を拓く子どもの社会教育』学文社、二〇〇九年、三二頁

2　旧庄内町立生活体験学校の設置と通学合宿の開始

(1)　全国初の通学合宿専用施設・生活体験学校の設置

一九八九（平成元）年四月、旧庄内町（現飯塚市）の町立社会教育施設として生活体験学校が開設され通学合宿が始まりました。全国に類例を見ない通学合宿専用の公立社会教育施設です。旧庄内町がこの施設を設置しようと

動き始めた時、先行する実践や施設に関する情報はほとんどありませんでした。後になって判明するのですが、実は旧庄内町よりも半年早く実施された通学合宿がありました。静岡県牧ノ原市立坂部小学校が一九八三（昭和五八）年二月に四泊五日の日程で実施した先行実践でした。宿泊所は高尾山石雲院というお寺でした。旧庄内町が初めて取り組んだ通学キャンプは、一九八三（昭和五八）年八月に前期、一〇月に後期を実施しました。後期二泊三日を通学するキャンプでした。二年後、後期の通学キャンプは六泊七日という日程に延長され、その後、固定化されて続きました。奇しくも静岡県と福岡県で同じ年の一九八三（昭和五八）年に取り組みが始まっていたのでした。旧庄内町の通学合宿は前史として通学キャンプの時期が六年間あります。電気も水道もないキャンプ場で生活しながら山道を歩いて学校へ通いますから、困難の度合いは、その質も量も、「幕営」と「舎営」の違い一つ取り上げても、現在の通学合宿の比ではありません。六年間の通学キャンプを下敷きにして作られた生活体験学校は、他の社会教育施設とは設置の過程も、さらには建物の構造も異なり独自の特徴を持っています。公民館、図書館などの社会教育施設を作る場合と違って先例がない施設ですから、通学キャンプの実践に関わった体験者の意見をこれまでないほどに重視して、施設作りが進められました。それまでの施設作りのように行政が「作り手」で、作られた施設を町民が使うという構造、そこから生まれる使い勝手の悪さのようなものは発生しませんでした。作る側が使う側の発想を終始大切にして作られた生活体験学校でした。

⑵　日常生活をプログラムに

通学合宿というプログラムは、日本が高度経済成長路線をひた走る過程で打ち捨てて顧みなかった子どもの生活体験の希薄化を回復しようという想いを具体化したものです。かつて日本が高度経済成長路線に突入する以前は、他人と寝泊まりを共にするなど珍しくもない、というよりは物不足で何もかも共同使用が当たり前の世界でした。せめて寝る時ぐらいは、共同ではなくて一人でゆっくり寝てみたいという夢を抱いた時代でした。通学合宿は、キャンプでもないスポーツでもない、もちろん祭りでもない、ごくありふれた日常生活を再組織してプログラムにしたのです。今や子どもが学校の修学旅行以外には他人と寝泊まりしたことがないという時代に、集団で寝泊まりを共にするというだけで子どもには十分に魅力的で冒険的なプログラムでした。さらに、自分のことは自分でする、食事作りをはじめ掃除、洗濯、生ゴミ片づけ等々ほとんどのことを自分で実行させる通学合宿です。努めて、「速くて便利で簡単な生活」から遠い生活をくぐらせ、合宿仲間の協力、協働を体験体得させようという通学合宿プログラムを提案し実行しました。それも、六泊七日を基本の日程として、それより短期の通学合宿を実施しませんでした。その六泊七日の通学合宿を年間二〇回実施し続けたこと、それも開設以来二二年間、今も継続していることが、通学合宿のメッカと呼ばれる所以です。

(3) 生活体験学校・通学合宿の成果

① 全国に広がった通学合宿

旧庄内町（現飯塚市）の生活体験学校と、そこで実施された通学合宿は目で見ることができる生活体験プログラムとして全国に広がる大きな契機になりました。年に一回しか実施されない通学合宿と違って二〇回も実施される通学合宿は他にはありません。それも専用施設を持っていることで、全国で唯一見ようと思えば年中、「目で見ることができる通学合宿」として通学合宿普及の象徴的な存在になりました。全国的にいえば国や県レベルの補助・委託事業の普及施策の効果が大きく、平成一八年度の調査では実施事業八〇〇を超えるという普及ぶりで、まさに大きな成果を上げました(*)。

② 通学合宿の教育効果

通学合宿の実施過程で次の効果が検証されました。通学合宿参加を通して児童の社会生活能力、人間関係能力を向上させること、なかでも身辺自立、作業、意志交換、自己統制の能力を向上させることが分かりました(**)。

平成一六年度を初年度とする三年間の小学校調査では、通学合宿に複数回参加している子どもは、参加していない子どもに比べて、基本的生活習慣が確立・改善され、社会性も高くなる者が多いことが分かりました。中学生対象の調査では自尊感情の低い中学生のうち複数回通学合宿を体験した場合、生活スキルの獲得や役割分担の意思・実行力において有意の残存効果がみられました。(＊＊＊)

＊「平成一八年度　地域における『通学合宿』の実態に関する調査報告書」国立教育政策研究所社会教育実践研究センター

＊＊福岡教育大学児童心理研究室　森田江里子「生活体験が子どもの発達に及ぼす効果について―通学合宿体験前後の社会生活能力について―」一九九七年。森田論文には、三木安正の社会生活能力の構成領域として次の記述があります。「身辺自立：衣服の着脱、食事、排泄などの生活能力、移動：行きたい所へ移動する生活行動能力、作業：道具の扱いなどの作業遂行能力、意志交換：コミュニケーション能力、集団参加：社会生活への参加の具合を示す生活行動能力、自己統制：わがままを抑え、自己の行動を責任をもって目的に方向づける能力」

＊＊＊正平辰男・永田誠・相戸晴子『子どもの育ちと生活体験の輝き』「Ⅲ章　生活体験と自尊感情・学力」あいり出版、二〇一〇年、一一五、一三二頁

3　生活体験学校と通学合宿の目標・内容・方法

(1)　目標

庄内生活体験学校では通学合宿の目標が明確に設定されていました。通学合宿のような社会教育におけるプログラムは、目標設定がともすると曖昧で、その評価・検証はさらに漠然としていました。この通学合宿においては、当初から次のような目標を設定して、目標を認識しながら実践に務めました。

①年齢相応に依存から自立へ、他律から自律へと、段階を追って成長させること。
②家族への依存関係を断ち切った環境において、仲間と協同し規律正しい共同生活をさせること。
③自他の関係を正しく認識し調整できる力。苦しさに耐えて生き抜く実践的な力の必要性。
④善悪を正しく判断できる力の必要性。

⑵ 内容

「通学する」という日常活動と「合宿する」という非日常活動を合体させたプログラムを通学合宿という一つの型として提示しました。

⑶ 方法

子どもに日常の暮らしを自力で実行させるという「分かりやすく」、「誰にでも実行できる」、「簡単で単純」な方法、やり方を提案しました。

4 生活体験学校と通学合宿の特性——評価すべき理由

①通学合宿というプログラムを産み出し、生活体験学校を支えてきた大人の一群は、他に比較して明白な目的意識を持っていました。すなわち、過去に子ども会活動などを支えてきたボランティア・グループが、子どもの実態に照らして課題の重要性を深く認識し、実践を通して通学合宿という独自の社会教育プログラムを創案、実践しました。その成果を認知して、小さな自治体が貧弱な財政状況にもかかわらず子どもの社会教育専用施設を設置し、通学合宿を定着させたのです。

②子どもに困難体験をくぐらせ耐性を育てようという意図をもって、できる限り原型に近い暮らし方を体験させるべしと規定し、現代では失われてしまった伝統的な生活様式を、体験活動プログラムとして設定し困難や忍耐を体験させせました。つまり、不便だからこそ求められる協力・協働の場面をくぐらせるように工夫しました。そのためのプログラム事例は、堆肥作り、野菜の栽培、大・中・小型動物の飼養、かまどで薪を使って飯を炊く、薪で風呂を沸かす、人糞の汲み取り、竹炭焼き、ドングリ育苗・定植と下草刈り、椎茸栽培、カブト虫の繁殖等々でした。

③前項のような生活の原型に近い暮らしを体験させることを意図してきましたので、実践しながら指導するには若い指導者では彼ら自身の体験が不足ないしは欠落していました。そこで、必然的に高齢者の指導を仰ぐ必要がありました。結果として、高齢者の登場場面を創出して、高齢者のやり甲斐と生き甲斐を具現化しました。

5 これまでの通学合宿、これからの通学合宿——未来の必要、未来への提言

(1) 子どもの発達、これからの見通し

若い両親と子どもで構成される核家族は増え続けます。三世代家族はさらに減少し、いずれの家族においても、家庭内の伝承機能も隔世伝承も衰退し続けるでしょう。したがって、子どもの生活体験と人間関係体験はますます貧弱になり、特に「働く・生産する体験」、「人交わり体験」が薄っぺらになり、加えて、子どもが保護者から「自明のこと」を厳しく教えられることは少ないという状況が続くでしょう。通学合宿の場面では、茶碗を洗えといえば皿は洗わない、皿を洗えといえば箸は洗わないという子どもが増え続けて、集団生活の体をなさなくなるでしょう。学校以外の場で獲得される子どもの人間関係体験は、ますます希薄になり続けます。その分、学校における人間関係に関わる指導困難は増え続けて、場面対処に翻弄される教職員の疲労困憊は今にも増して深刻になるでしょう。子どもが言葉で教えられて修得するものは、「からだぐるみの賢さ(*)」を育てることに必ずしもつながりません。ことの重大性と課題の深刻さを認識して、子どもの生活体験を通して教育することを基本にすえた取り組みを立案、実践することが求められます。

*新保真紀子『「小1プロブレム」に挑戦する』明治図書、二〇〇一年、六五頁

(2) 通学合宿の目標

通学合宿を通して子どもの自立と自律を助長することを目的とします。自立について、棄原昭徳氏は、「しつけ

と身辺自立」において次のように説明しています。「食事、排泄、睡眠、清潔・着脱衣の習慣の四つの身辺処理の習熟を、一般に基本的生活習慣と呼ぶ。以上の基本的生活習慣の上に、安全の習慣、挨拶の習慣、整理・整頓、準備や後始末、友だちとのつきあいや仲良し、協力、遊びや日常の生活ルールの遵守などを加えて、生活上必要となる子どもの身の回りの初歩的な習慣や技能の習熟を、一般に身辺自立と呼ぶ。(*)」通学合宿における自立とは、粢原氏のいう身辺自立と同じです。

自律について、玉瀬耕治氏は、「自律は自己を統制し、自分のことは自分で行い、その行為に責任をもつことである(**)」としています。光富隆氏は、「自律的道徳と他律的道徳」を説明して、「他律的道徳段階の子どもは、権威者である大人を一方的に尊敬しているため、大人が命令した規則や責務は神聖であり、犯すべからざるものであると考える。しかし、八歳をすぎると自律的道徳段階に到達し、仲間との相互交渉や社会的協同意識の増大によって、人間相互の尊敬や契約の観念を発達させる。そして、規則は神聖でも不可侵でもなく協定や習慣によって変更可能であることを理解できるようになる(***)」としています。通学合宿の集団生活においては、「自ら判断すること」と「自ら実行すること」、そして決定と実行の責任は外ならぬ自分にあることを明白にすることが求められます。通学合宿における自律を目標に掲げる理由です。

*恒吉宏典・深澤広明編集『授業研究　重要用語三〇〇の基礎知識』明治図書、二〇〇七年、八四頁
**玉瀬耕治『カウセリングの技法を学ぶ』有斐閣、二〇〇八年、九頁
***山本多喜司監修『発達心理学用語辞典』北大路書房、一九九九年、一五四頁

(3) 通学合宿の方法、体験の内容、期間、規模

方法は集団宿泊体験をくぐらせて濃密な人間関係に耐えられる能力を獲得させること、自炊生活などをくぐらせて生活スキルを獲得させ身辺自立を図ることの二点とします。体験の内容はなるべく生活の原型に近い共同生活体

験をさせること、すなわち生活は不便を旨とし、「速くて便利で、簡単な暮らし」をなるべく減らして行うという原則を明確にします。六泊七日の日程を標準の期間とし、全員が役割を担って活動できる規模で、「遊んで暮らす人間」をつくらないプログラムを実行します。

(4) 求められる新たな方策1――参加者の縦糸を紡ぐ必要性

これまでの通学合宿は、参加者を公募して広範な対象者の中から定員の範囲内で選んで実施してきました。この参加者は年に一回ないしは二回参加するのが普通です。これを参加者の横糸としますと、縦糸が見当たりません。同一の参加者が年間を通して参加し続ける通学合宿は存在しません。縦糸がないということは、地域に通学合宿という「布」を織ることができない不安定さを抱えたままということです。佐賀県鳥栖市にある「市村自然塾九州」(*)が実施しているように男女各三〇名を公募して年間一八回の活動を男女各三〇名を公募して農作・自然体験活動を実施するような活動が、通学合宿にも必要です。プログラムの質や量は、施設の態様や指導者や資金の多少によって変わってくるでしょうが、縦糸のない通学合宿は次なる展望が見えません。つまり、見れば分かるという通学合宿の教育効果を可視化するために、また将来にわたってプログラムを支えていく人材を育てるために、さらには地域の支援体制を継続的に強化していくためには、横糸だけでは力不足といえるでしょう。現在の横糸は、通学合宿の量的拡大に貢献してきましたが、これから創る将来の縦糸は通学合宿の質的向上にぜひ必要です。同一の参加者が連続して参加する通学合宿とは、いかなるプログラムかを追求する実践が求められています。

*佐賀県鳥栖市河内町字谷口二二一二番地二、特定非営利活動法人市村自然塾二〇〇二年九月塾舎完成。(株)リコー及びコーラウエスト(株)並びにリコー三愛グループの社会貢献事業の一環。

⑸ 求められる新たな方策2——全員参加型通学合宿の必要性

社会教育プログラムとしての通学合宿は、選択的体験メニューですから、参加するのもしないのも本人の自由です。一方、学校における体験は全員が同じ事を選択の余地なしに一斉に体験します。これまでの社会教育型通学合宿だけでは、拡大する生活体験の格差を是正する手立てになり得ません。体験教育の重要性を認識する保護者は、通学合宿にもその他の体験プログラムにも子どもを送り出しますが、子どもに勧めもしないし止めもしないという多数の保護者が減ることはないでしょう。その結果、生活体験の格差はますます拡大します。今後は、通学合宿体験を社会教育と学校教育の両面において組み合わせて体験させる方策が必要です。たとえば、学校教育との接点を持つ通学合宿を三つの段階で必須のプログラムとして実施します。時期、期間は、小学校三年生に三泊、六年生と中学校二年生に六泊の期間の通学合宿を課します。実施主体は市町村教育委員会とし、主として予算措置、実施施設の確保・斡旋などを担います。予算の内容は、実施機関への報酬、施設使用料などを措置して、善意のボランティアの無償奉仕に頼るような方法を取りません。実施の時期、規模は学校長が主導して決定します。具体的な実施機関は、NPOや青少年育成団体、国公立の青少年施設、PTAなどとします。実施機関の選定は、市町村教育委員会が学校と相談して決めます。小学校六年生、中学校二年生の通学合宿においては、それぞれの修学旅行を視野において、集団生活の成果を修学旅行に反映させることを目標の一つとして設定します。この新たな通学合宿は、学級、学年単位で実施します。対象学年のすべての児童生徒を対象とする点において、従来の選択的体験メニューである通学合宿とは違います。先行実践としては、福岡県みやま市高田町の「江浦校区『協働』生活体験学習」があります。[*] 全校児童の八〇%以上が参加している通学合宿で、学校、公民館、PTAの三者が協力して、一九九七(平成九)年から今も続いています。自治公民館など地域の施設を宿泊場所に、お風呂はないので「お風呂タイム」を設定して自宅のふろに入り、再び集まって合宿を続けています。夕食が終わるまで母親が指導し、夕食後は父親が母親と交代して宿泊して指導する通学合宿です。

江浦小学校の実践は、不便ではあっても既存の施設を使って大多数の子どもに通学合宿を体験させることができることを証明しています。従来の社会教育型通学合宿に参加した児童生徒の力は、通学合宿のさまざまな体験を支えます。自ら選択して参加した通学合宿体験の成果を、初体験の新しい通学合宿参加者を支える場面で発揮して成功に導くことが可能です。予算の執行においては市町村教育委員会が支出する実施機関への報酬が、ＮＰＯやＰＴＡなどの団体の実行力を高めるでしょう。実施機関であるＮＰＯや青少年育成団体、ＰＴＡなどの活動は、市民活動・運動と位置づけて継続すれば、新たな担い手を育て、活用する契機になるでしょう。

＊正平辰男・永田誠・相戸晴子、前掲書、「Ⅳ章　事例考察」一六〇頁

Ⅲ-2 実体験を重視した教育プログラムの総合化と実践化
――「女子商マルシェ」の効果と衝撃

益田　茂

1　職業に関する若者たちの現状

日本社会の後期中等教育の状況は戦後経済の復興と平行して激変しました。高等学校進学率は、一九四八（昭和二三）年約四二％でしたが、現在は九八％に達しました。実質的に、高等学校は義務教育に匹敵する国民的な教育機関になったのです。こうした状況は政治課題化し、今や公立高等学校の授業料の無償化は新たな行政施策として講じられました。その一方で、平成二二年現在、若年者の完全失業率は約七％、非正規雇用率は約三〇％、ニート（無業者）は約六〇万人、新規学卒者の早期（三年以内）離職者は約五割と報告されています。高等学校へのめざましい進学率の向上は、新たな社会問題を生み出し、今や、学校から社会生活・職業生活への円滑な移行は、家庭・学校・社会にまたがる若年層の大きな課題となったのです。

「今後の学校におけるキャリア教育・職業教育の在り方について」（平成二三年五月、中教審：キャリア教育・職業教育特別部会）は、高等教育機関進学率の上昇に伴い、進路意識や目的意識が希薄な進学者が増加していることを指摘しました。高等学校までに職業を意識したことがない大学一年生は約三割に達すると言われています。近年のキャリア教育の重視、インターンシップの導入は、上記の状況を反映していることは言うまでもありません。特に、中等教育終了後に、直接社会人・職業人としての自立が迫られる職業系高等学校におけるキャリア教育の充実は喫緊の教育課題となっているのです。「未来の必要」を主眼とする本書において、若年層の課題に対応した教育プログラムについて論ずることは意義あるものと考えます。

2　実体験の重要性

では、上述してきた若年層の課題に対応した教育プログラムの中核をなすべきものをどのようにとらえるべきなのでしょうか。

独立行政法人国立青少年教育振興機構は「子どもの体験活動の実態に関する調査研究」(平成二二年五月)の中間報告を発表しました。報告の核心は、「子どもの頃の体験は、その後の人生に影響する」ということです。特に、「子どもの頃の体験が豊富な人ほど、『どんなこともあきらめずにがんばれば、うまくいく』『大人になったら自分の生活にかかるお金は自分で稼ぐべきだ』と回答した人の割合が高くなる傾向がみられた」という指摘は、現代社会の若年者の課題解決にむけた方策の在り方を示唆しています。

これまで、青少年の体験活動の不足や問題点などが多くの研究者によって取り上げられてきました。三浦氏は、「欠損体験」という概念を提出し、現代の青少年には不可欠の体験(「核体験」)が各種「欠損」していること、「欠損体験」は可及的速やかに教育的補完が必要であることを指摘しています。三浦氏の論点は、以下の二点に集約されます。

第一に、発達段階における体験の欠損は子どもの「体得」の貧しさに直結しています。責任感も、協力の態度も、危険の回避も、その他の重要な社会規範も子どもは自らの実体験を通して体得するものだからです。第二に、「欠損体験」の認識は、教育の現状を変革する出発点であり、人生を送る上で中核を為す体験の欠損を教育的に補完することは、現代教育の最重要課題です。(*)

上記の三浦氏の論理は当然、高等学校の職業教育にも適用が可能と考えます。実体験の重要性は、幼い子どもにとっても、青年期に入った高校生にとっても不可欠であることに変わりはないはずです。職業系高校は、職業人の養成課程で学校教育における「座学」の限界をどう克服すればいいのか、職業系高校における職業観・労働観を育成し、社会人・職業人として自立できる若者を育成するプログラムはどうあればいいのか、これらの目的を果たすための実体験を重視した教育プログラムは果たして十分であり得たか等々の問いが発せられています。中等教育から社会・職業生活への移行過程または社会・職業生活開始直後の短期間に多くの課題が発生していることに鑑みて、中等職業教育における体験教育・実践教育のあり方が問われるようになったのは当然の帰結だったのです。つまり、本稿における論点の柱は「実体験」です。

*三浦清一郎『子育て支援の方法と少年教育の原点』学文社、二〇〇六年、八八頁

3 インターンシップ導入の広がり

平成一一年、文部省は「教育改革プログラム」の一つに高等学校においてできる限り多くの生徒にインターンシップを体験させることを当面の目標として掲げました。インターンシップの導入は、中等教育における体験教育の強化・充実が改革の主眼であったことは言うまでもありません。この提案を受けて、福岡県の県立高校では、平成一四年度に一一四校中五一校がインターンシップに取り組みました。その後実施校は着実に増加し、平成一八年度は、県立高校一一〇校中八八校に達しています。

インターンシップの導入・実施には、講義形式の授業の数倍におよぶ多大な時間と労力を要します。講義と実習に要する時間差は通常一対三の比率で考えられますが、中等教育課程に本格的な体験プログラムを導入しようとすれば、生徒の発達段階に鑑みて、水面下の準備に要する時間とエネルギーは一気に増大します。しかし、キャリア教育を進める上においては、「講義形式の学習」と「実体験による学習」は、「畳の上の水練」と「水の中の水練」

の相違があるということです。

特に、キャリア教育における職業技術と現場環境の実体験プログラムには、教室の授業の何十倍の「変数」が存在し、学校にとっては予想もしなかった「交渉相手」が登場することが度々あります。受入事業所の開拓から受入承諾までのさまざまな業務、事前の数度にわたる打ち合わせ、指導計画の作成から生徒に対する準備指導、インターンシップ実施過程の指導・監督、広報、評価、実施報告書の作成、あいさつとお礼など、教室の想定を圧倒する複雑で厳密なPlan-Do-Check-Actionのマネジメント・サイクルが要求されます。

上記のサイクルのあらゆる段階で予想外の業務も発生します。到底、教科担任や学級担任だけの手に負えるプログラムではありません。実体験教育は、少人数の担当者や、短期の準備期間で、実施できるような教育形態ではないのです。当然、学校全体の取り組み姿勢が問われ、教員のチームワークが問われ、生徒の取り組み意識のレベルが問われることになります。こうした困難な条件が存在するにもかかわらず、多くの高等学校がインターンシップの導入に取り組み始めているという事実は、現代社会の若者たちの現状に対する中等教育現場の危機感の表れと考えられます。

実体験の重要性について福岡県教育委員会は、以下のように指摘（＊）しています。

> インターンシップは、高校生にとって発達課題（＊＊）を克服し、人として成長する上で、実体験を通して充実感や達成感を味わうとともに、自立心や責任感を身につけ、自分を見つめ直し、自己の可能性に向かって努力する姿勢を培うなど極めて大きな意味を持つことになります。…（略）…インターンシップをすべての高校で実施し、充実・発展させることが、二一世紀を担う若年者の働く喜び、生き甲斐を生み、産業・経済を活性化させ、本県の明るい未来につながると確信しています。

若者の体験が欠損し、学校から社会への移行過程及び社会・職業生活開始直後の短期間に多くの課題が発生している以上、「体験教育」と「体得」の重要性は増すことはあっても減少することはありません。中等教育に限らず、今後、実習等を伴うインターンシップの重要性はさらに増してくることは疑いありません。では、インターンシップを含むキャリア教育の中身と方法は具体的にどうあればいいのでしょうか。

若者が当面している現状の深刻さは、従来の改革路線で解決できるような生やさしいものではありません。なぜなら、若者の人生の核になる体験の欠損をいまだ日本社会は教育的に補完することができないでいるからです。結果的に、中等教育現場が懸命に努力しているにもかかわらず多くの高校生が本来の成長段階に達していないこと、「一人前」の資質・資格にほど遠い実態があるのです。このことは、義務教育段階の大きな課題でもあることは言うまでもありません。本稿では義務教育段階における核体験の必要性については論じませんが、その重要性を中等教育の実践から学び取ることはできると考えます。具体的検証は、以下に述べる福岡県那珂川町立福岡女子商業高等学校の事例分析を通して行うこととします。

＊福岡県教育委会「福岡県立学校インターンシップの手引き」平成二〇年三月

＊＊ロバート・J・ハヴィガーストが最初に提唱しました。その後E・H・エリクソンなどさまざまな心理学者がそれぞれの発達課題を提唱しています。文化や社会階層によって課題とされるべき内容は画一的に決めることはできないが、日本の高校生に期待されている社会通念上の自立度、体験度、実行力、コミュニケーション能力などの総体と考えてほぼ間違いないです。

4　「女子商マルシェ」の挑戦

「女子商マルシェ(＊)」における教育プログラムの概要は、以下の通りです。

（1）実施主体　福岡県那珂川町立福岡女子商業高等学校

（2）事業名　「女子商マルシェ」

（3）趣旨・目的　二一世紀を担う、「志」ある女性の育成

○商業教育の集大成　　○起業家精神を芽吹かせる

○ビジネスを理解し、実践する場　○地域の方々とのコミュニケーション

（4）事業概要

商業科の体験学習として、マーケットの開発・管理の一貫プログラムを導入し、協力企業と連携して、商品企画～仕入れ～検収～値付け～販売～経理の流れを担当させ、オリジナル商品までも手がけます。二日間の女子商マルシェ（市場）は、地域とのつながりがより一層強められ、生徒は、接客、金銭授受、商品知識、ホスピタリティ精神など多くのことを年間を通じて学ぶことができます。

（5）年間予定

四月：企業訪問
五月：出展企業決定、クラス店長等分担決定
六月：店長会議、広報部長会議、インターンシップ準備
七月：インターンシップ開始、合同企業説明会
九月：各部長会議、企業招聘研修開始
一〇月：商品知識研修、商品発注、販売計画
一一月：事前指導開始、会場設営、商品搬入
一二月：決算業務、返品業務、企業訪問

〈四月から準備作業〉

・マーケティングリサーチ　・商品計画
・仕入れ条件計画　・自主研修

（6）事業実績

〈売上高〉〈集客数〉

第一回マルシェ……………約八〇〇万円　約八〇〇〇人

第二回マルシェ…………約一二〇〇万円　約一万二〇〇〇人

一店舗当たり売上高…………………約三三・三万円

店員一人当たり売上高………………約一万七一四三円

協賛企業数……………………………三六企業

＊岡野利哉「『女子商マルシェ』三六企業の女子商支店：出会い・ふれあい・地域愛」平成二一年、第二八回大会発表資料、一～五頁

5 「女子商マルシェ」構想の軌跡――教育プログラム導入の背景

平成九年度から平成一一年度までの三カ年、「いきいきスクールふくおか事業」が県内六地域で実施されました。課題は、学校教育における「ゆとり」の確保と学校教育を通した「生きる力」の育成を同時に達成するというものでした。全国各地で同じような事業が展開され、教育指導を総合化し、併せて実践化するという方法論が主流となりました。生活科や総合的学習の登場は学校教育の改革プログラムの中核となり、「生きる力」をめざした教育が求められるようになりました。当然、小・中・高すべての学校教育課程で総合化と実践化を同時に達成する具体的な教育活動の内容と方法の開発が急務となったのです。この時、総合化も実践化も従来の学校内の活動には限界があり、学校内の教育資源だけでは到底所期の目的は達成できないことは明らかでした。結果的に、学校教育活動そのものの範域を拡大することが不可欠になりました。学校は地域や社会教育との連携を摸索し始めたのです。「地域教育資源の活用と位置づけ」「学校外教育活動の活用と位置づけ」等の項目が語られ、「開かれた学校づくり」を志向する取り組みが始まったのもこの頃です。

「いきいきスクールふくおか事業」の研究・開発当時、カリキュラムの総合化と実践化において重要視されたことは、以下の三つの視点に要約することができます。(*)

第一：体験は、観察する、製作する、作業するなどの具体的な活動とその過程で生じる子どもの「かかわりの意識」の総体と考えます。

「かかわりの意識」……自分にとっての対象の有用性、必要感
対象に対する思いや願い、楽しさの実感

第二：「体験活動」は、子どもの「かかわりの意識」が連続したり深まったりすることができるように、発展的に構成します。

第三：子どもに活動や学習に対する必要感や切実感を持たせる環境構成を工夫します。

「いきいきスクールふくおか事業」は、各市町村における人材バンク制度の定着や学校教職員の意識改革、地域の「ひと・もの・こと」の教育課程への位置づけなど多くの成果を生み出しました。特に、体験活動のプログラムには多くのアイデアが研究され、応用されました。指定研究が三年に限定されたために全県的な広がりと定着が達成できなかったことは、残念ではありましたが、関係者の多くが体験活動の重要性を再認識する機会となったことは疑いがありません。

学校教育の中で小さな産声を次々に上げ始めた実体験重視の教育プログラムでしたが、「女子商マルシェ」構想はまさしく「体験学習」と「体得」を核としたインターンシップの革新的方法として誕生したのです。プログラム立案の力点は、生徒にとっても、学校にとってもめざすべき体験に対する「かかわりの意識」とその意識を醸成し、維持し続けることのできる「環境」の「構成」に置いたのです。

換言すれば、事業の成否は、生徒がプログラムの実行を自分の実人生と同一視し、緊張感と責任の意識をいかに

維持し得るかにかかっています。学校が実人生に限りなく近い「環境」を創出できるか否かは、生徒が当該事業を真に自分たちの実人生に重ねて意識化できるか否かにに直結しています。学校だけで実人生の演出はできません。誰もが学校は人生の温室であり、外部の現実から守られた空間であることは知っているからです。本物の市場環境を創出するためには、「本物」企業との連携が不可欠の条件だったのです。

＊福岡県教育委員会「学社融合による特色ある学校教育の創造」平成九年度 いきいきスクールふくおか事業推進資料

6 体験プログラムの総合化と実践化——二つの鍵概念

(1) 関係者の「かかわりの意識」の醸成とプログラムの構成

「女子商マルシェ」事業の革新性は、実体験を重視した教育プログラムの総合化と実践化を同時に達成した点にあります。換言すれば、学校は、参加生徒がマーケットの開発・管理のプロセスを一貫プログラムによって体得できる教育課程のデザイン化に成功したのです。福岡女子商業高校は商業科の守備範囲の限界を逆手に取って、その特性を教育プログラムとして翻訳・特化し、生産には重点を置かず、下記に例示した商品販売に関する全過程・全必要条件を体験できるデザインを生み出したのです。

商品販売に関する全過程・全必要条件＝商品企画〜仕入れ〜検収〜値付け〜販売〜経理

「女子商マルシェ」（以下「マルシェ」と略す）事業の準備・実践過程は、上記の全プロセスをマネジメント・サイクルの各段階に沿って総合的に実習することを目的としています。指導の眼目は、第一にプログラムの全行程を生徒に明確に意識させることにあります。明確な意識は通常明確な目的、具体的な目標の存在から生まれます。目的・目標は現存の企業と組んで、「当日の売上高一〇〇〇万円を達成すること」と設定しました。当然、生徒の意識は達成目標をいかに達成できるかという戦略に集中します。戦略とは目標と作戦の組み合わせです。

「マルシェ」を創造して、商品販売を成功させるためには、マネジメント・サイクルの各段階が極めて重要であることは明らかであり、生徒に立案と準備作業の分化と統合が不可欠であることを理解させなければなりません。具体的な販売目標を設定し、現実に企業組織との接触を積み重ねていくことを通して、高校生にとっての「かかわりの意識」は、「繰り返し認識→検証→再認識」のサイクルを経てプログラムの全貌を「理解→体得」していきます。総合的体験プログラムの最大の強みは、「事業（授業）目的」の意識化が連続的に強化され、「マルシェ」が顧客を迎え、決算が終わる当日まで途切れることはないというデザイン特性にあります。通常、この種の教育プログラムは、インターンシップの「模擬演習」に終始しますが、「女子商マルシェ」は実戦の連続演習として企画されています。通常のインターンシップとも、シミュレーションとも、学校教育における実習とも大きく異なっています。最大の相違点は、学校が企業と合同で設定した販売環境の「リアリティ」にあるのです。

通常の高等学校では、各教科授業時数の関係や進学関連の学習補充のために、インターンシップを実施することはできても、活動そのものは環境観察と模擬演習に終始せざるを得ません。当然、教育プログラムの目標もインターンシップに参加・経験することが前面に出て、訪問した職場の職業観・労働観に表面的に触れることしかできません。しかし、福岡女子商業高校の教育プログラムは「実物体験」に特化しています。「女子商マルシェ」の最大の特徴は、商業科という特性を最大限に生かした実際の販売市場の創造であり、「本物環境」の設定です。実習の学校「マルシェ」が本物の市場になった時、生徒の意識が「実戦的」になります。環境の設定は、学校が「マルシェ」協賛三六企業と組んだことで実現しました。生徒にとってはすべてが初めての実戦体験です。販売に失敗して協賛企業に迷惑をかけることはできないという環境が彼らの意識を決定します。準備学習が終わり、インターンシップに踏み出した瞬間からすべてが実戦モードに入ります。企業訪問の儀礼から感謝のあいさつまで世間のおきてが適用されます。販売に伴うマナー、あいさつ、身だしなみ、正しい言葉づかいなどだけでなく、商品に関する基礎知識も市場のルールに従わなければ通用しません。生徒たちは学校が擬似環境であることを熟知しています。実習は高度の訓練であっても実戦ではないことも知っています。しかし、「マルシェ」が販売の現場そのものになった時、生徒は初めて企業戦士と類似の緊張感を持って売り場に立つのです。実戦を体験することによって、彼らの参画意識、責任感が高揚するのは当然の帰結です。「マルシェ」は、生徒たちに実戦に参画し、実戦を学ぶことができると実感させるのです。準備から後始末まで全プロセスで彼らの「かかわりの意識」はより具体的に、より実戦的に恒常化します。授業の目標は彼らの人生で一度も掲げたことのない「売り上げ額」の達成だからです。企業人との共同を通して実戦の実体験を組み込むことによって演習が演習を越え、インターンシップがインターンシップを越えることになるのです。生徒たちが当面した非日常の緊張感は高揚し、生徒のエネルギーが自己増殖を持続したことは学校の想定を越えたはずです。学校が直接社会と関わって実人生のステージになることは現在希有のことだからです。

(2) 「環境構成」とプログラムの構成

通常のインターンシップは、これまで述べてきたように擬似環境の中のシミュレーションとして行われます。実人生の環境設定を期待することは通常不可能です。インターンシップが模擬体験に終わりがちなのはそのためです。教育の現場はその大部分がカリキュラムや教科書に代表される間接体験の環境であり、教育理論が創り出す人工的な疑似環境で行わざるを得ないからです。ところが、「女子商マルシェ」は、企業をパートナーにし、長期的プログラムを構築することによって、社会の実環境に極めて近い環境を設定することに成功しました。また、学校が創造した教育プログラムが、地域や行政の賛同を得られた時、学校の模擬市場は本物の販売環境を創り出すことに成功したのです。「女子商マルシェ」の成功は、「本物環境」を創造し得たことが大きな要因と言えます。

模擬演習と実体験インターンシップの最大の相違点は生徒の緊張感です。竹刀による剣道の試合と木刀による試合のような違いとでも言えばいいでしょうか。一つ間違えれば大けがをしかねないという緊張感の存在です。「女子商マルシェ」は、商品企画・仕入れ・販売までの一貫した流れを実体験したにとどまらず、実習の環境は実物の企業活動に限りなく近かったのです。学校は実人生に近い「環境」の構成に全力を傾注しました。指導の中心的役割を担った岡野利哉教諭はもとより校長を始め、全教職員が一丸となって〝マルシェの風〟を起こしたことが容易に想像つきます。組織体の社会的風土は方針と方法論の統一による集団の圧力によって形成されることはアメリカの社会心理学実験で明らかにされています。一年生から三年生まで全学年が共通の目標に向って、同一環境、同一の社会的雰囲気（social atomosphere）の下で本事業が行われたことが成功の背景にあります。「マルシェ」の業務分担は、3学年×6クラス×2店舗＝36店舗、一店舗約20名の店員、さらに実行委員会は「銀行部」「総務部」「販売促進部」「仕入部」「広報部」「経理部」の6部門に機能分担されました(*)。

カリキュラムは商業高校のレベルで企画されたとしても、生徒の実体験は極めて高度かつ複雑な言語化の難しい領域に踏み込んでいったことは想像に難くありません。銀行との連携も、現金を伴った販売経理の実習も、高校生の人生では体験したことのない緊張と責任を要求されたはずです。通常のインターンシップ・プログラムは非日常的であっても日常の延長線上に想定のできる非日常です。これに対して「女子商マルシェ」の環境は生徒たちの想定外の非日常なのです。「マルシェ」の環境を構成するものは、実際の企業活動であり、カリキュラムでも演習でもバザーですらもありませんでした。

「実戦環境」を実感させる鍵は、参加者に要求される活動の質と量にあります。店舗経営実習に組み込まれた広報活動だけでも、チラシ一五万枚、新聞社取材依頼大手五社、新聞折り込み広告一三万枚、ＴＶ取材四社、ラジオ取材三社など、生徒たちの日常感覚をはるかに越えています。緊張も責任感も自分たちの想像をはるかに越えた非日常性から生み出されます。さらに、店舗のデザイン設計や商品のディスプレイ計画、必要物品、消耗品等の準備などで質量ともに「現実環境」が構成されたと言って間違いではないでしょう。当然、事業（授業）の成否は、戦略と関係者の気合いに左右されます。「マルシェ」の二年目は、結果的に、前年比一五〇％増の集客と売り上げを記録しました。戦略の適否も生徒たちの気合いの入れ方も当初の目標をはるかに超えた成功が何よりも雄弁に語っています。

＊岡野利哉、前掲資料、三頁

7　未来への教訓――未来への提言「実体験への挑戦」

現状の学校教育の教育課程にも、各学校の実態に即したインターンシップをはじめとするさまざまな実体験を重視した教育プログラムが存在します。しかし、その多くは学校環境の範囲を超えることはありません。生徒が関わる体験も意識も彼らの日常性の延長線上にとどまります。結果的に、実世界、実人生への参画意識は希薄にならざるを得ません。

未来の教育プログラムの成否は、醸成すべき生徒の意識と彼らが実働する環境の「本物性」です。実体験を重視した教育プログラムの必要条件もこの二つです。

学校が体験プログラム等の重要性を再認識してきたことは重要なことですが、さらに重要なのは実体験を構成する内容と方法をどのように設定し、生徒の意識をいかにして学校環境から実人生の環境に移行させるかという課題にチャレンジしていくことではないでしょうか。インターンシップ等のキャリア教育は、教育目標と現実のプログラムをいかに総合化し、実践化するかということが問われています。その時、実践のステージとして「教育的実体験」を可能にする「環境の構築」ができるか否かが問われているのです。

情報化社会の進む今日、インターネットや携帯電話などによって多様な情報を瞬時に入手できる社会になり、仮想体験や間接体験などがますます増加してきています。「女子商マルシェ」は間接体験過剰な時代背景に対して現実世界をカリキュラムの一部に取り入れることによって一つの突破口を示したのです。教育界は今後さらに具体性、実証性、実践性を要求されることが考えられます。自発的な活動ができないから自発的な活動が必要とされ、能動性が欠如しているから能動性の育成が目標となります。実体験教育は学校だけで実現できるはずはありません。経済同友会が「合校」概念を提起したのは歴史的な教訓を踏まえてのことでした。私たち大人が、計画的・意図的にできるだけ実人生に近い直接体験の機会を多く提供していくことが不可欠な社会になっているのです。「実体験への挑戦」こそ、青少年が欠損し、現代社会が必要としている教育プログラムです。

Ⅲ-3 カウンセリング・サービスの抜本的転換：「アウトリーチ手法」の革新性
――NPO法人スチューデント・サポート・フェイスの分野横断型多面的支援の実効性

黒田　修三

1　「社会的不適応」問題に対する治療・支援方法の革新と分野横断型多面的支援システムの確立

(1)「社会的不適応」問題の核心――積み残された「タテの負の連鎖」

「社会的不適応」は社会全体の課題として発生するため、全社会的・分野横断的に対応する仕組みが不可欠です。不登校、ドロップアウト、ニート、引きこもりなどに特徴づけられる青少年の問題は、戦後教育の時間経過の中で解決策を見出せないまま積み残されてきました。近年では家族や地域の経済的・社会的基盤が脆弱になる中、該当する年齢層が学齢期から青年後期の全範囲に及び、行政上の定義概念にいう年齢制限を越えて、「高齢ニート」という表現まで登場しています。似たような現象が続けば、教育が生み出す社会的不適応問題は一〇年後には日本人の全年齢層にまで拡大するのではと危惧されます。

本問題に関する近年の統計数値の推移は、横ばいという状況が続いてきました。平成二一年度に限れば、小学生、中学生、高校生の全児童・生徒数に占める不登校率は、それぞれ〇・三％、二・八％、一・五五％です。また、高校生の中途退学率は一・七％ですが、平成二〇年度までは二・〇％を割り込むことなく推移してきました。状況をパーセントで表すとさほど大きな数字ではないかのような錯覚に陥りますが、個々の不適応問題を解決できないまま、時間経過の中で累積していく実数は膨大なものになります。

事実、いわゆる「ニート」と概念的に近い若年無業者の数は、平成一四年度を境に高原状態にあり、平成二一年度の数を年齢階級別に抽出すると、ピーク時の平成一四年度に比して「一五〜二四歳」では三万人（一〇・三％）減少していますが、「二五〜三四歳」では、逆に一万人（二・九％）増加しています。また、「三五〜三九歳」の無業者は、平成二一年度に二一万人に達し、平成一八年度以降はどの年齢階級よりも多い数値で推移しています[*]。

このことは、社会的に不適応に陥る青少年は、絶えず新たに登場するにとどまらず、一度不適応に陥った子どもが課題を抱えたまま年齢が上がり、同種・同質の課題が形や名称を変えて少年期→思春期→青年期→成年期と世代を経て引き継がれ、ともすれば一人の人間の生涯を貫く「タテの負の連鎖」が生じていることを意味しています。

実際、相談現場の相談担当者からは次のような実感を込めた観察結果が報告されています。「引きこもりの始発駅が登校拒否である。（引きこもりの）一〇〇万人のうち、九割は登校拒否をしていた子どもたちである。始発駅の登校拒否をどうやって救うかを考えなくてはいけない。登校拒否で戻るのは、三分の一。その他の子どもは中学校を卒業するので統計的にはなくなる[**]。」ここでの、「統計的にはなくなる」という言葉の裏には、実質的に問題は解決されずに残るという意味が込められているはずです。養育や教育の失敗によって一度発生した不適応問題は個人の体内に封じ込められて体質化したり、変わらない家庭環境に封じ込められて慢性化したりしている恐れがあります。それゆえ、一時的に症状が改善したかに見えたとしても、本人の成長の過程で新しい社会的困難に遭遇した時、適切な対応ができず、問題行動が火山のマグマのように噴出してくるのです。

したがって、不適応の問題を個別世代に現象する独立の問題ととらえることは、診断と処方の正確さを欠くことになります。おそらく、不適応が生じた理由は、個人の資質や個別の家族の問題に全てを帰することはできず、社会に潜在する「過保護」や「放任」や「孤立」や「指導の欠如」や「体験の欠損」など子どもを取り巻く現代社会の病理現象としてとらえる必要があります。とりわけ問われるべき不適応の根源は、戦後に登場した養育や教育や家族のあり方に深く関わった問題であると言えます。それゆえ、今、私たちには、一部の世代で問題化している諸現象を単に数値で追うのではなく、このような「タテの負の連鎖」を生み出した根本原因を突きとめ、いかに早い時期に発生原因の根を断ち切るか、そのための視座の確立と手段・方法の開発が強く求められているのです。

＊『平成二三年度 インターネット版 内閣府子ども・若者白書』三三、三四頁
＊＊開善塾教育相談研究所長 金沢純三「文部科学省平成一八年度 全国青少年相談研究集会報告書」三三頁

(2) 学校教育依存体質の限界――クライアント（患者）の生活に密着しない対処法の無力

学校教育は、(時間的、空間的に) 教育課程に属さない学校外の教育には十分に力が及びません。学校ではクライアントの生活に密着した適切な指導や対処は容易ではないというのが実状です。近年、問題行動の頻発を考慮して、スクール・カウンセラー等の配置も進んできましたが、学校教育の中心は教育課程の実行に置かれているため、日常の教科指導に追われる大部分の教職員の関心を得ることは難しいと考えられます。

ところが、青少年の問題行動は、学校外で発生し、子どもの生活の全領域で処置を要する案件が多く、問題行動を引き起こす養育・教育上の原因も、家庭環境はもとより、福祉・医療、文化・経済など各種社会的条件の欠落の影響を多大に受けざるを得ません。さらに、当事者も、当事者の家族も、個人主義の台頭と相まって、自己欲求―自己都合―自己主張を強め、発生した問題行動の「原因 - 遠因」が自らの養育行動や家庭教育にあるとは認識していない場合も少なくありません。したがって、指導も解決の処方も、定型的なものでは効果が見られず、個別的で、多面的、長期的で、かつ柔軟でなければなりません。

不適応問題の発生 - 対処の条件を考慮すれば、学校に配置されたスクール・カウンセラーやスクール・ソーシャルワーカーが、自分の勤務時間内で、子どもや家族のプライベートな生活過程に密着して支援・指導することは困難です。医療における病院が、患者を入院させるなどして患者を日常環境から切り離して治療に専念できる条件を

つくる場合と違って、子どもの養育・教育上の不適応に対処するには、「患者」を日常環境から切り離した措置は通常不可能なのです。

　このことから、学校におけるカウンセリングのシステムは、専任者の配当人数や時間の絶対的な不足という指摘にとどまらず、原因除去の支援・指導に直接アプローチすることが可能な新たなシステムの構築を図る必要があります。

　教育行政が施策として取り組んできた学校外における不登校児童・生徒への対応は、その多くが「適応指導教室」に委ねられてきました。同施設は年々少しずつ増加しているものの、二〇〇五年で全国に一一六一施設であり利用者数の全不登校児童・生徒に占める割合は、七・七%に過ぎません。また、一施設当たり二~三人の指導員もその八割近くが非常勤です(*)。しかし、このような事情を措くとしても、学校スタイルを原形とした支援・指導の方法だけでは、十分な対応はできないと言えます。

　さらに、青少年や保護者から直接相談を受ける「相談電話」が、学校以外に教育、保健・医療、福祉、警察等の関係機関や施設に設置されていますが、あくまでも受動的で、口頭助言にとどまる支援機能であり、直接的に助言の効果を測定することはできません。

　一方、社会教育行政では、体験活動を軸に、不登校や引きこもり傾向の青少年の長期キャンプ等を実施してきました。しかし、実施機関や施設は少なく、また、当該機関や施設まで自主的にくることができる者を主な対象としているため、受入人数は極めて限られているのが実態です。家庭教育支援事業においても、訪問支援を組み込んだプログラムが提起されましたが、専門的な指導者の確保や子どもの生活環境に踏み込んだ支援体制の整備が進まず、十分な展開はなされていないのが実情です。

＊重　歩美「教育支援センターの役割についての考察」国立青少年教育振興機構研究紀要・青少年教育フォーラム第八号、二一二、二一三頁

(3) 「不適応問題」支援方法の抜本的再検討

学校依存型および相談窓口対応型の実効性が必ずしも十分でないとすれば、より適切な「不適応問題」支援方法について抜本的に再検討する必要があるのではないでしょうか。社会的な不適応を示す青少年への教育支援は、もっぱら学校教職員の手に委ねられ、学校教育の領域内での対応が中心でした。残念ながら、社会教育行政およびその他の行政機関や施設は、あくまでも例外的・補完的な機能に終始してきたといえます。

しかし、今や社会的条件は激変し、青少年を取り巻く環境は多様化・複雑化してきており、子どもや家庭の孤立状況も深刻です。こうした社会状況の変化に即して、時には個別的対応が、また別の機会には総合的対応が求められます。ひとたび問題別・領域別に確立した行政分業や機関別の役割分担であっても、社会の変化に対応した新しい分化と統合を求められるようになるのは自然の成り行きです。子どもの社会的不適応問題への対応は、全人的発達期の「総合性」、指導・治療の「適時性」、子どもが置かれた環境や人間関係の「個別性」などの条件に鑑みて、従前からいわゆる「タテ割」行政として批判を受けてきた状況の打破が最も急がれる分野の一つであると考えられます。それゆえ、学校教育の守備範囲で対応するだけではなく、全教育領域の機能を総動員することはもちろん、福祉、保健・医療、警察、経済・雇用等々の分野をつなぐ総合的な支援方策を必要としているのです。

他方、公的セクターの外でも、フリー・スクールやフリー・スペース等に代表される民間の活動がますます活発になってきていることは注目されます。実際に民間が提示する新たな試みが着実に成果を上げている事実も見逃せません。これら個別、問題別の成功事例やその方法論を分野横断的・総合的に評価・点検する仕組みを構築することが重要であると言えます。

不適応問題の解決に最も必要なことは、社会的な不適応を示す青少年への支援を、分業の境界を超え、あらためて社会全体の課題としてとらえ直すことだと考えます。また、現行の分業の仕組みを一気に変更できないとしても、社会教育―社会教育行政に新しい視点と新しい役割を与えれば、現行の学校依存体質から脱却し、地域や市民活動の中の優れた取り組みを掘り起こし、検証し、具体的な支援・指導の方法や実践のモデルを構築することは可能です。ＮＰＯやボランティアが「新しい公共」を担う時代が到来した今、社会教育行政は「民との協働」のモデルを発掘する任務と可能性を有しているのです。

2 「学校スタイルの支援」から生活密着型の「協働行動の支援」へ
——「ＮＰＯ法人スチューデント・サポート・フェイス」が採用した「訪問支援」の革新性

(1) 「訪問支援」法の採用と実効性の証明——ＳＳＦ活動の概要(*)

スチューデント・サポート・フェイス（以下ＳＳＦと呼ぶ）は、主に不登校、引きこもり、非行等不適応問題を抱える子どもたちやニート、フリーター等の無業若年層に対し、総合的な自立支援を行うことを目的として二〇〇三年に設立されました。アウトリーチ(**)と呼ばれる「訪問型支援」の方法を駆使して、直接的にクライアント本人・家庭に密着する支援・指導を実施してきました。「訪問型支援」の発想は従来のカウンセリング概念や相談事業のあり方を一変させ、不適応問題の対処法を根底から革新する可能性を有しています。ＳＳＦが開拓した新規のプログラムの核心は、「待ちの支援」ではなく、「訪問する支援」（アウトリーチ）にあります。「訪問型支援」の特性は、支援者がクライアントを訪問することによって、「指導する側」が「指導を受ける側」の生活に密着してさまざまな体験を共有していく「参加観察法」の手法や「行動療法」原理の活用と思われる「協働行動」とでも呼ぶべきアプローチにあります。通常の相談事業が来訪者を待って「口頭助言」するにとどまっていたことと比べればアウトリーチのやり方がいかに行動的で、革新的であるかが想像できます。「訪問型支援」は、「家庭教師方式」から始まりました。家庭教師型の支援者は、不登校の子どもからは「お兄さん」「お姉さん」的存在として受け入れられやすく、ニートや引きこもり等深刻な状態にある若者をケアする際は、臨床心理士等から選抜された「支援コーディネーター」が行動を共にしながら専門的なサポートをできるという体制をとります。訪問観察、訪問支援の活動が蓄積された結果、現在に至るまで膨大な訪問支援実績やノウハウが得られました。具体的には、九割以上の家庭から学校復帰や脱引きこもり、就労等客観的な改善報告がなされるという抜群の「復帰率」の高さを誇っています。「訪問型支援」の実効性は疑いなく証明されたのです。

＊第二四回大会（二〇〇五年）と第二六回大会（二〇〇七年）及び第二九回大会（二〇一〇年）の実践報告、特別報告資料参照。

＊＊アウトリーチ（outreach）とは「訪問支援」と呼ばれていますが、言語上の意味は「〜の先に達する」という意味です。クライアントの現状の先に達するような支援方法という意味になります。

⑵ 支援方法の多面化と総合化

ＳＳＦの手法は実践の体験が蓄積されるのと平行して多様化、総合化していきます。その背景には、指導対象の多様化・複雑化・個別化はもとより、一筋縄ではいかない日本の家族・家庭および社会環境の変化が存在します。なかんずく、社会から孤立した養育・教育環境に置かれた子どもたちの閉塞状況は深刻です。結果的に、ＳＳＦの活動領域は「訪問型支援」の相談対応から順次拡大しました。支援内容は、指導対象と状況の変化に対応して、フリー・スペースの運営、就労支援、体験学習やスポーツ・イベントの開催等、多様化と総合化のシステムを必要としていきました。事実、多様化と総合化は想定通りに支援の成果を着実に向上させていきました。対処法の総合化と平行して、ＳＳＦの支援活動が、個別のクライアント支援から、不特定多数に対する教育・啓蒙活動に拡大し、子育てに関する情報誌の発行や支援ネットワーク整備事業などの家庭教育支援にも取り組みを進めました。

⑶ 「訪問型支援（アウトリーチ）」の革新性

「訪問型支援」の中核は、アウトリーチの原語が意味する通り、クライアントに当面している問題を越えて支援を〝届ける〟ことです。〝来訪を待つ〟という受動性を否定して、訪問、観察、ラポールの形成、診断・指導という一連の連続支援行動の積極性こそが最大の特徴です。

「訪問型支援」の方法に依拠して、現場・現状に踏み込んでいけば、踏み込んだ側も、受け入れた側も、即座に「投射」や「投入」(*)と呼ばれる双方向の人間反応に曝されることになります。クライアントやその家族と行動を共にすることから参加型観察が可能になります。指導する側と受ける側が行動を共にするようになれば、言語的な説明や論理分析を超えた人間反応や相互理解が生まれます。訪問し、参加し、共に行動する「協働型支援」(**)の中で助言や支援が行われていくことこそＳＳＦのアウトリーチ活動を貫徹している最も革新的な理念です。

＊野村総合研究所総合研究本部編『共感の戦略』野村総研情報開発部、一九九一年、一六、一七頁
「投射」とは「自分の思い」を他者に「投げかける」ことです。一方、「投入」とは相手の状況を想像して相手の思いを自分の中に取り入れることです。野村総合研究所はこの過程を「心の投射と投入」という概念で説明しています。

＊＊多様な支援者が関わる行動型の支援を「協働型」と呼んでみましたが、原形は行動療法です。行動療法とは心理療法のひとつで、近年は観察と共同行動・交流を組み合わせて、認知行動療法とも呼ばれています。行動療法がめざす核心は「望ましくない行動を低減」し、「望ましい行動を増大」させることです。支援の目的は、そのためのクライアントの「行動の制御」にあります。

(4) 厳格な支援者研修に裏打ちされた「訪問型支援」と活動の拡大

アウトリーチの手法はクライアントが置かれている状況に指導する側が飛び込んでいくわけですから、「訪問型支援」の担当者には厳しい研修の受講が義務づけられます。その研修システムは、ＳＳＦが独自に開発した担当者の「選抜研修制度」(*)です。資質を認定され、研修の評価に合格した二〇代、三〇代の大学生等が「スチューデント・サポート」と呼ばれる相談・指導者に位置づけられ、家庭を直接訪問し教育支援を行います。いわば支援技法に「家庭教師方式」の活動形態を組み合わせるのです。

研修の中身は、いろいろな表現が可能になりますが、問題を抱えているクライアントと直接的な接触をするのですから、一般に言う、観察力、分析力、判断力、コミュニケーション力、行動力などを柔軟に組み合わせて総合的

に活用する応用力が求められることは当然です。

このような、支援者の厳しい選抜制度に裏打ちされた訪問支援は、前述したように、その実効性を高く注目され、SSFの活動は拡大の一途をたどりました。二〇〇六年からは、厚生労働省の委託事業（地域若者サポートステーション事業）を受託して開設した「さが若者サポートステーション」を拠点として展開されています。平成二二年度現在、構成員は常勤三三名、非常勤八名であり、全体の予算規模としては、厚生労働省や佐賀県・市の委託事業、民間助成、会費、寄付金等を合わせると一億円を大きく超えています。名称の通り学生の任意の支援事業として出発したSSFが時代の要求に応えてここまで一気に成長・拡大した理由は、アウトリーチ手法が発揮した驚くべき成功率であったはずです。SSFの自立的な組織経営や事業開発・展開の成功は明らかに日本社会の相談事業の組み替え・再編成の必要を示唆しているのです。

＊研修カリキュラムの基本内容は以下の通りです。
基本プログラムは、講義二日（一六時間）、演習一日（八時間）、実践六日（四八時間）の計七二時間からなります。講義形式の研修・模擬訓練を経て適性判断の結果、選抜された者だけがその後の実地訓練に進める仕組みになっています。

⑸ 支援対象の拡大と多様化

現在までの間、SSF事業の支援対象はますます拡大・多様化しています。クライアントは、学齢期の児童・生徒から若年無業者までと幅広く、時にはクライアントの家族や関係者を含んでいます。特記すべきことは、訪問支援の重点対象者が義務教育修了後の一五歳から概ね四〇歳までの無業者層に拡大していますが、このことは分析の通り、多くのクライアン

	03年度	04年度	05年度	06年度	07年度	08年度	09年度
相談件数（のべ）	820	1,744	2,659	3,991	4,223	4,427	4,237
面談人数（月のべ）	185	322	629	2,059	3,260	3,226	2,715
派遣件数（月のべ）	243	398	536	653	534	827	829

＊一部委託事業と共有部分含む。

トが幼少年期の不適応問題を解決できぬまま「負の連鎖」を引きずってきていることをうかがわせます。

支援対象の拡大に伴って、現在のSSFの活動は多岐にわたっています。前述のアウトリーチ活動を始め、拠点施設「さが若者サポートステーション」を中心とした多様な相談活動、支援者の育成、さらには、「職親制度」と呼ばれる事業所のネットワークによる就労支援活動、青少年の支援に関わる支援者・機関・団体等を結びつける支援ネットワークの整備事業及び県民への啓発活動など広範囲に及んでいます。まさに、教育、福祉、雇用、保健・医療の分野を横断した総合的な事業展開が実現されているのです。

相談事業における同NPO法人の現在までの実績の推移は表（前頁）の通りです。世間の信頼を得て着実に活動の範域を拡大したことがうかがわれます。

3　実効性の点検と既存システム改革の必然性

(1)　SSFの示した実効性が相談事業の改革を促進する

SSFが達成した実際的効果は、相談事業の実績数はもとより、アウトリーチ活動による抜群の改善率に顕著に表れています。このような実効性に注目した佐賀県では、SSFとのさまざまな協働を推し進め、そのことが佐賀県における相談事業を変革していったと推察されます。大いに参考にしなければなりません。

また、SSFの総合化した取り組みは、「タテの負の連鎖」を断ち切るため、復帰後の継続支援を着実に軌道に乗せることがアウトリーチ活動の大事な要素であると位置づけています。クライアントによって個人差はありますが、最低一年間は定期的な「追確認」を行い、適応指導結果の定着を図っています。当然、クライアントの置かれた状況いかんによって、継続支援が長期に及ぶこともあります。

さらに、アウトリーチ活動の相談元は、保護者が約六割、学校の教師が約四割と報告されており、教師からの相談の多さに驚かされます。平成一九年度には佐賀県教育委員会から「心の支援員配置事業」の委託を受け、一五中学校に支援員を配置するなど学校現場との協働歩調がとれるようになりました。SSF活動の実効性が彼らの発言力を高めていることは疑いなく、確実に県民の信頼を勝ち取っていると言っていいでしょう。日本の相談事業は、既存システムの問題点を早急に再点検し、方法論と既存の対応システムを抜本的に改革すべき時にきていると考えられます。

⑵ 潜在需要の発掘と分野横断型診断・治療システムの開発

SSFの活動は、「社会的な不適応を示す青少年への総合的支援」を必要とする社会的な「市場」の存在を明らかにしました。不登校、引きこもり、ニート等の課題が、重要な社会的課題であることは漠然と認識されてきたものの、一般的には、子どもや青少年の問題行動イコール学校教育の課題として対応すればよいという従前からの考え方はまだまだ根強いものがあります。カウンセリングや相談事業の主たる窓口が学校教育に集中していることも大きな弊害になっていました。このようなことが事態の深刻さや解決の火急性を見えづらくしてきたといえます。結果的に、学校も教育行政も不適応問題を主要課題として十分には位置づけきれず、診断・治療に大きな遅れを取ったことは否めません。

一方、SSFはこれらの事態に対し明確な意思と有効な手段・方法を持って臨み、一刻も早い学校や社会への復帰を望む「需要の大きさ」とそのことに対する「社会的サービス供給の実効性」を見事に明らかにしました。すなわち、クライアントやその家族を「社会的な孤立状態のままに置かない」をモットーに、クライアントを訪問し、時に、必要な行動を共にする「アウトリーチ事業」を展開してきました。直接的な訪問支援の実績は、質量ともに既成の受身中心の相談活動を凌駕し、もはやこの手法を選択しない理由を失わせたと言って過言ではないでしょう。SSFの活動は発展拡大し、「訪問支援」と「訪問支援以外の支援」方法を組み合わせた総合的なシステムをつくり上げることにより、言い訳の常套句だった〝届けたいところに届かない〟という逃げ口上を完膚なきまでに打ち砕いたのです。

青少年やその家族が苦しんでいる社会的不適応の問題を、社会的「市場」とか「需要」と表現することが妥当であるかどうかは一考を要しますが、残念ながら学校や教育行政は、クライアントの必要や家族の要望に十分に応えることはできなかったと言えます。

ＳＳＦの手法と実績は、「市場の需要」に応えることによって、着実に実績を上げました。市場の判断基準は「結果主義」・「成果主義」です。ＳＳＦは日本で初めて「社会的な不適応を示す青少年への総合的支援」を実現し、訪問支援を中心としたプログラムの体系がオープンな社会的市場で際立った有効性を持つことを証明したのです。

(3) 支援者の多様性

ＳＳＦの総合的方法、分野横断型のアプローチを支えているのは、一六〇名を超えるメンバーが持つ多様性と言えます。ＳＳＦを構成しているのは、大学生、会社員、教員、臨床心理士等、一般から各種専門分野に従事する者まで極めて多様です。彼ら一般メンバーをバックアップするために、当該分野の医師や大学教授に加え、クライアントの就労支援を支える「職親」など多くの企業ボランティアや機関・団体が存在します。すなわち、ＳＳＦを支えているのは全社会的な多機能集団であると言えます。このようにＳＳＦの成功要因は、その独自機能に加えて、幼少年‐若者支援に緊急性を感じる全社会的な広がりを有する多くの同志・有志を結集し、支援活動の一翼を担ってもらう仕組みをつくり上げたことです。換言すれば、ＳＳＦは訪問支援の方法論を確立したにとどまらず、クライアントの生活全般を総合的に支援する関係機関・グループの「共同支援のシステム化」に成功したのです。ＳＳＦの最大の貢献は「支援システムの装置化」であったと言ってよいでしょう。

⑷　公的な相談支援事業へのマネジメント・サイクル思想導入の不可欠性
――なぜSSFは「社会的不適応問題」解決の先駆性と総合性を持ち得たのか

上記の通り、SSFは相談事業やカウンセリングの方法を革新し、総合的で、新しい方法と共同支援システムを確立しました。二〇〇六年度に開設された「さが若者サポートステーション」が、クライアントおよびその関係者の評価の高さを如実に示しています。相談件数を見ただけでも、二〇〇七年度で全国平均の約四・二倍、二〇〇八年度で三・八倍と信頼と評価は顕著です。評価の核心は、クライアントの実生活に関わった参加観察型の正確な診断と、診断結果の処方を実行に移す行動的で個人対応型のアプローチによる確実な実効性です。クライアント本人とその家族および生活環境を総合的に支援するアウトリーチ活動は、従来のカウンセリング手法や相談事業の限界を超え、既存のやり方の根本的な刷新を図りました。SSFの提案は分野限定型の現行の方法を根本から否定し、既存のシステムに代わる多分野協働型の支援プログラム、支援組織、連携のネットワークシステムを整備することに成功したのです。〃より多く〃の若者に〃より深く〃関わるプログラムや運営体制こそがSSFの先駆性なのです。

現在、SSFの運営費の大半は、国・県・市の委託金や民間の助成金でまかなわれています。近年の実績では、厚生労働省を始め、佐賀県教育委員会及びこども課、佐賀市教育委員会、大和証券グループなど支援母体はさまざまです。いわゆる「行政のタテ割」をよそに、SSFの中では当然のように活動の必要に応じて連携先や委託事業が選択され、それらの事業が、連動し総合化されています。

このようなことから、私たち教育行政に携わる者は、相談事業において「企画」→「実行」→「チェック」→「修正して実行」というマネジメント・サイクルを徹底するとともに、全社会的な要因から発生した不適応問題を特定分野にとどめることなく、分野横断型の取り組みへと早急に高めていく必要が迫られていると言えます。

4 未来の必要——「教育支援」の革新と支援機能の高次化をめざしたシステムの必然性

現在、ＳＳＦの取り組みと同様に、地域社会では差し迫った子どもたちの課題を解決するために、さまざまな民間活動が展開され、効果を上げています。それらは、むろん現行の学校や行政を中心とする青少年施策を補完する形で行われています。すぐれた民間の取り組みに見られる〝やむにやまれず〟行動する人々の「志」の高さと彼等が有する人材やプログラムの実効性は、その多くが実践によって証明されています。それらの取り組みから、今後の「社会的な不適応を示す青少年への教育支援」のあり方に、三つの方向性が示されていると考えられます。

第一には、「訪問型支援」に代表される直接的な働きかけは、相談活動や支援活動の原点であり、起点であり、極めて効果的であることが実証されたということです。

第二は、行政あるいは学校が行う相談事業システムは、「民との協働」を一刻も早く具体化する必要があるということです。協働の中核は、アウトリーチの原則に則った訪問支援です。訪問支援のプログラム開発は、学校教育に依存した従来の相談活動の限界を明らかにしました。教育行政は、教育支援関連事業の「公的な市場」を積極的に「民間」に開放し、この分野における有効な「教育サービスの開発」を協働で促進しなければならないのです。

ＳＳＦの代表を務める谷口仁史氏は、民間の活動に対して行政に求められるサポートの第一は、彼等の活動の継続性や信頼性を公的に担保してくれることであると指摘しています。また、支援事業の実効性が確認できる以上、民間の支援方法や民間が主導する支援者に対する研修事業の意義を認知し、研修受講者の資格を公的資格と同等のものと認定してもらえればありがたいと言っています。さらに、「子ども・若者育成支援推進法(*)」では民間委託が法律上可能になり、支援活動の拡大に大きな力をもらっている、とも述べています。関係行政への重要な指摘であると強く受け止めなければなりません。

第三は、分野横断型総合的支援システムの確立ということです。青少年の抱える課題は教育、福祉、保健・医療、警察、経済・雇用と多岐にわたっています。当然、その解決のためには分野を越えた総合的な取り組みが必要となります。関連行政の連携、学校依存体質の払拭、カウンセリング方法論の改革などに早急に着手しなければなりません。「子ども・若者育成支援推進法」は、まさにそのことを具現化すべく策定されました。

とりわけ急がれるのは、たとえばスクール・ソーシャルワーカーの働きのように、学校と家庭や該当機関をつなぐコーディネート機能の確立です。このことは、「民との協働」を推し進める上でも重要な役割を果たします。青少年育成分野での「学社連携」をたゆまずに進めるとともに、適応支援の分野で学校と社会教育行政が連携できれば、人材活用の視点、行動治療法の視点、総合化の視点で大いに力を発揮できるのではないかと期待をし、喫緊の課題として受け止める必要を強く感じてやみません。

＊子ども・若者育成支援推進法（平成二一年七月）
基本理念は第二条の第一項に子ども・若者育成支援の目的を、一人一人の子ども・若者が、健やかに成長し、社会とのかかわりを自覚しつつ、自立した個人としての自己を確立し、他者とともに次代の社会を担うことができるようになることをめざすこと、としています。

Ⅲ-4 社会の必要課題に対処する実践型人材育成研修の論理と方法
――山口県生涯学習推進センターおよび北九州市若松区「若松みらいネット」における実践者養成研修の分析

大島 まな
赤田 博夫

1 必要課題に〝共に向かう〟学習と〝対処する〟実践力育成

(1) 社会の役に立つ社会教育

生涯学習時代の到来によって、多くの人々が自らの興味・関心によるテーマを選択して学習活動に参加するようになりました。しかし、個人の興味・関心だけが学習の動機になれば、学習の内容は趣味・お稽古事、実益、健康、軽スポーツが主流になっていきます。これらのプログラムは、個人の「要求（欲求）課題」を反映していても、社会の必要に応える学習や活動にはなっていません。特に、高齢者対象の講座や高齢者大学にはこの傾向が顕著に見られます。個人を中心とし、学習者を主体とする生涯学習体制下の学習は、個々人の欲求が内容領域を決定し、限定しがちになるのです。

しかし、一方、現実の社会に目を転じれば、さまざまに解決すべき課題が山積しています。内外の社会的条件は急激に変化を遂げ、それに伴って日本人の感性も価値観も大きく変わり、当然、新しい社会的課題が登場し、地域社会もすでにかつての地域社会ではなくなりました。人々のライフスタイルも近隣の人間関係も大きく変わりました。今や生活全体にわたって課題が分野横断的に複雑化し、多様化しているのです。しかも、日本社会についても、社会的課題についても一律に論じることは不可能になっています。経済格差に始まり、地域間格差も、生涯学習格差もあらゆる人々を分断しつつあるのです。従来の政治や行政のやり方やシステムは「制度疲労」を起こし、財政的にも、人的にも、内容的にも、方法論上も課題の解決に施策が到底追いついていけないのです。

そのような中で、社会教育の果たすべき役割と責任とは何でしょうか。社会教育が採用した生涯学習概念の最大の問題は、「個人の要求」に応えても、「社会の必要」には十分対応してこなかったということではないでしょうか。人々の日常に課題は山積しているのに、それらの課題を後回しにして、個々人の要求を優先すれば、社会教育が後手に回るのは必然の帰結でした。「社会の必要」に対処する社会教育の活動はあまりにも少なかったのです。

何よりも、課題解決のために行動する地域の人材の育成が遅れました。人が育たなければ活動の成果が上がるはずはありません。少なくとも「個人の要求」と「社会の必要」のバランスを調整し得る社会教育行政に戻さない限り、世の中の〝役に立つ〟社会教育を復活させることは困難ではないでしょうか。日本の社会教育が従来のように行政主導型で公金を投資し続けるとするならばなおさら、教育の成果がどれほど社会に還元されているのかを評価し、見直す必要があります。そうしなければ、社会教育の存在意義は薄れていくばかりであろうと考えます。もともと、行政が担ってきた社会教育は地域の生活課題を解決するための教育と学習が主要な役割だったはずです。ところが、伝統的な地域共同体は崩壊し、地域課題を共有する住民集団も崩れ、結果的に課題の解決力も、住民相互の連帯や協力も、次世代を育てる教育力もほとんど崩壊しているのが現状です。人材の育成にしくじってきた元凶は生涯学習概念だったと言えるのではないでしょうか。「個人の要求」に応えるだけでは、個人が当面する課題の解決も地域社会の福祉も実現できなかったことが明らかになったのです。社会教育は、個人の要求を満たす学習を優先したことで、地域課題の解決に資する人材の育成に失敗し、新しい課題に当面している地域の共同や協力を支える活動や教育機会のほとんどを失ってしまったのです。

「個人の要求」の前に「社会の必要課題」を解決しない限り、個人の幸福も守れないと考えるべきではないでしょうか。都市化、技術革新、少子・高齢化等がもたらすさまざまな問題、産業構造の変化による地域の変容、環境の悪化などは、到底、ばらばらな個人が対応し得る問題ではありません。それらに適切に対処していかなければ、もはや個々人の豊かな生活を保障することは難しく、結局は「個人の要求」に応えることもできなくなってくるのです。事態の深刻さを察知した行政は近年ようやく「現代的課題」として提示するようになりました。しかし、一方で学習者を生涯学習の主役であるとして学習内容について選択と判断を任せきりにしておいて、他方で「必要課題」の解決を図りたいという注文には方法論上の無理があるのです。通常、「必要課題」は「みんなの課題」であり、力を合わせなければできない負荷の大きい課題です。それに対して「個人の要求課題」は自分の興味・関心事が中心で、多くは自己満足に終わります。両者の方向性は必ずしも合致しないだけではなく、両者の間で選択が許されるのであれば、大部分の人々は楽な方を選ぶことになるでしょう。しかし、人々の幸福と社会の福祉を守ろうとすれば、社会教育は必要課題への取り組みを放棄することはできません。それゆえ、政治や行政には、意図的、計画的に必要課題を診断・分析すること、その課題解決のために自ら行動する新しい市民を育成することが求められるのです。社会教育が必要課題を選択するということは、人々の自由に任せる「学習」概念に代えて、時代の診断と処方に基づく「教育」概念に重点を移行するということになります。社会教育発想を起点とした課題の診断と解決の実践が重視されなければならないのです。

(2) 必要課題解決のために行動する市民の育成

学習者が自由に学習内容を選択できることが当然となってしまった社会的雰囲気の中で、個々人の学習要求と折り合いをつけながら、社会の必要課題に対処する・実践する市民を育成することは、容易なことではありません。

これまでもさまざまな地域リーダー養成研修、ボランティア養成講座などが実施されてきましたが、そうした講座の受講生が講座修了後に、研修の成果を生かしてどれだけ地域で活動しているかについては、必ずしもフォローアップの評価・検証は行われてきませんでした。学習成果の社会還元がうたわれてきた高齢者大学やボランティア養成講座などでさえも、学習のための学習に終始して同じ講座を毎年繰り返し受講するリピーターが多いことは周知の事実ですが、研修や学習の成果が実際にどれだけかつどのように人々の課題解決に応用され、地域社会に還元されているかは不問に付されてきたと言えるのではないでしょうか。近年、ようやく生涯学習の自己完結的な閉鎖性が自覚され、知識は社会の現実に応用されてさらなる発展を遂げるべきであるという考え方が登場しました。従来の生涯学習では成果の社会的還元ができていなかったからこそ、あらためて「知の循環型社会(*)」の構築をめざす必要性が指摘されることになったのです。

しかし、「知の循環」とはどうしたら実現できるのでしょうか。自己本位が許され、自己都合優先的な時代状況の中で、個人が必要課題に対処する行動を起こすまでには、それなりの条件整備と準備過程が必要です。準備過程は二段階あると考えられます。

第一段階は、必要課題に〝共に向かう〟認識と診断の学習です。

第二段階は、必要課題に〝対処する〟企画・立案・実行のための実践力育成の実習研修です。

現実には、それぞれが当面する社会的課題、地域課題、生活課題などの重要性、緊急性、関連性等の認識と判断は各人が置かれた状況や興味・関心の度合いによってさまざまです。当然、それぞれが人生経験の中で培ってきた問題意識、蓄積した知識や情報にも違いがあります。また、地域の事情によって、問題の諸相も異なります。したがって、解決すべき課題を選択し、対処法を共有するためには、協働するメンバーが問題の社会的背景を確認し、地域の現状を分析し、課題の緊急性や重要性を考慮して、問題意識をしっかり紡いでいくことが第一の条件になるのです。必要課題に〝共に向かう〟ための認識と診断の学習というのはそういう意味です。それゆえ、第一段階の目的はメンバー間の問題意識の形成と共有化を図り、取り組むべき課題を焦点化することです。

「診断」の次は「処方」と「実践」の過程です。課題を焦点化し、共有したとしても、実際の解決行動に取り組むためには、全く別の能力が必要になります。ものごとの理解を深めても、実際に行動しなければ世の中は変わりません。実践には理解と戦略が必要になります。通常、後者は、行動する力、実践する力と呼ばれますが、実践力をつけるには、実際にやってみることが不可欠です。研修では、演習、実習、実技、シミュレーションなどと分類される体験的学習を経て実践の試行錯誤を始めます。社会的課題の大部分は、「やってみなければ分からないこと」で構成されています。特に、人に関わり、現実の地域の実情に関わる課題には、机の上では判断できない、実体験・実交渉を通してしか学べないことがたくさんあります。社会教育の人材育成研修が忘れていたのはこの「現場性」ではなかったかということを今こそ真剣に問い直す時ではないでしょうか。現場では机上の企画案通りにいかないことが多いのです。すなわち、課題解決の実践力は実践活動を通してしか身につかないということです。にもかかわらず、近年のほとんどの研修は机上の理論と計画で終わり、実践の過程を組み込んだ研修は極めて少ないのです。

「地域のために何かやりたいけれど、何をどうしていいか分からない」という人は少なくありません。何に向かって（テーマや目標の設定）、どのように行動するのか（実践する力）を体得した市民が一人でも多く育つことは、これからの社会を支えるための一つの鍵になるでしょう。

＊中央教育審議会答申「知の循環型社会の構築をめざして」（平成二〇年二月一九日）。答申の鍵は「社会還元」と「発展の持続性」です。学習した成果を社会に還元しながら、社会全体の自己課題の解決力を向上させていかない限り、社会を持続的に発展させる教育力は創り出せないということをようやく自覚したということです。

⑶ 共に行動する仲間集団の育成――新しい市民のネットワーク形成

生涯学習をキー概念とした社会教育は個人の学習機会の拡大には大いに貢献しました。しかし、個人学習の実態は、社会の必要課題に関わることが少なかったにとどまらず、仮に特定の個人が必要課題を自覚・認識したとしても、その解決のために主体的に行動することは容易なことではありませんでした。個人一人の力で地域や集団の課題に歯が立つはずはなく、地域社会を動かすことは至難のことです。「知の循環型社会」というのは、単に学習する個人が寄り集まっただけでは成立するはずはなく、協働の集団、課題を共有して行動を共にする仲間の存在が不可欠になるのです。

現場の状況はさまざまであり、課題解決の実践過程では、複合的に問題が絡み合って発生します。当然、問題の対処には、より多くの知恵と協働の力が必要になります。課題意識の共有と仲間の存在はその前提です。実践は机上の研修と違って、通常、長丁場の挑戦になります。実践者はお互いを励まし合い、支え合う「同志」が不可欠なのです。多くの実践集団が居住地域だけを共通項とする「地縁」や「集団縁」から生まれ難いのはそのためです。実践集団には、課題解決の「意欲の縁」・「志の縁」の存在が不可欠になります。「志縁」を共通にすることこそ仲間が支え合って活動を継続するための条件です。かつての地域共同体に存在したさまざまな「共益」はもはや人々の結合要因にはなりません。「共益」がつくり出した「地縁」・「集団縁」のつながりも希薄になっています。現代の地域課題は、共通の自覚と志によってつながり、共通の目標によって結合した「志縁集団」が解決するのです。共通の課題意識、共有する志こそが共に行動する人間関係を形成・維持することを可能にします。共同体が衰退した後の社会を支えていくのは、志を同じくする新しい市民のネットワークです。それゆえ、社会教育が育成すべき人材についても、当面している課題ごとに志縁のネットワークとして人々の意識と関心を協働化することが期待されているのです。少なくとも、そのような仲間集団を育て、新しいネットワーク形成の核となる集団を育てるプログラムをつくらなければなりません。

社会教育における人材育成の価値や意味は上記の通りですが、当然、研修の過程では、個人の考え方や行動が変容します。変容は、研修を通して個人が社会との関わりを意識化し、具体的な課題解決活動に参画した過程で起こります。課題解決型の実践研修は、社会に新たな機能や力をもたらすにとどまらず、参加者個人の日常に新たな展開をもたらし、意識にも、交流にも、やり甲斐にもさまざまな影響を与えるのです。「必要課題」に応えることは、社会にとってはもちろん、研修の過程を通して参加者個人に対する影響は極めて大きいと言えます。

地域の暮らしを支えてきた「地縁」の共益構造が崩れ、人々は伝統的な地域共同体の干渉や束縛から解放されて自由になりました。しかし、人間関係を自ら選択できる自由を手に入れた日本人は、その自由を新しい人間関係の形成に行使しない限り、「地縁」を失った分、孤独や孤立とも隣り合わせで生きることになります。積極的に新しい人間関係を築き、自分の属する集団を選択できる個人は別として、そうでない個人は、地域社会で孤立しがちになります。他者との共同や協働のネットワークに帰属できなかった時、個人は、社会的承認の機会を失い、自分の存在実感を失う恐れがあります。孤独死や無縁社会と呼ばれる現象には人々が「自由」と「孤立」の間で立ち往生している地域社会の背景があるのではないでしょうか。

従来の地域共同体は個々の構成員が果たすべき役割を決めていました。そうした時代には、個人はその役割を果たすことによって周囲から認められ、自分の存在意義を確認することができました。社会的承認を得るためには、帰属集団の中でそれぞれが何らかの役割を果たすことが義務となっていました。役割を果たすことが他者からの感謝の条件であり、社会的承認を得る条件であったということです。また、従来の共同体は、常に、共同体の構成員が行動を共にしていましたから、仲間との連帯や共感、交流の満足をもたらす場面が多く存在していました。それらは生き甲斐ややり甲斐の源になっていました。帰属集団の中で果たすべき社会的役割が重要であればあるほど、結果として得られる社会的承認も、やり甲斐も大きくなったはずです。現代、共同体の人間関係から離れてしまった個人の生き甲斐ややり甲斐を支えるためには、個々人が自分の能力を存分に発揮できる活動のステージを用意し、社会の拍手や自己充足感を得ることができる条件を整えることが必要になったのです。

かくして社会教育研修の必要条件が明らかになります。

第一に、公金を投入する社会教育は、公金の負担に見合った意義を明らかにするためにも社会の必要課題に取り組むことです。

第二に、実践的学習者の社会的承認を保障するため、協働の集団を形成し、個人の社会参画の舞台を創造し、地域社会に貢献する方法を提示し、交流と自己実現の機会を創り出すことです。

生涯学習時代は、個人の自由な学習を保障しました。しかし、学習成果の知識や経験が社会的課題の解決に生かされる機会は保障しませんでした。自由な学習は、個人の自己実現を図れるはずでしたが、必ずしもそうなってはいません。「社会の必要」に対応できるような活動の舞台を地域にたくさん創出することが求められているのです。社会貢献活動のステージづくりは簡単ではありませんが、それこそが人材育成研修の課題なのです。必要課題に対処するために仲間と共に地域で活動を始めることは、個人にとっての活動の舞台を参加者自らが開拓することになるのです。

2　地域課題に取り組む実践必修研修の思想と方法

(1)　発表事例にみる研修の意味と成果

山口県生涯学習推進センターにおける指導者養成研修(*)と北九州市若松区「若松みらいネット」のまちづくり人材養成研修は、共に、座学研修のみに終始する従来の研修を改めて、企画の当初から、地域の必要課題に対処する実践者養成をめざしています。

これら二つの事例は、どちらも、第一に、地域の生活課題や社会的要請課題の解決をめざしていること、第二に演習、実習に重点を置いた実践力育成を目的としていること、第三に必要課題に対処する新しいコミュニティ集団を育成することを課題としました。結果は、従来の座学研修に比して確実に実践的な成果をあげ得たという点でこれからの人材育成のあり方に多くの示唆を与えています。最大の特徴は、受講生をテーマ別・関心別のグループに編成して、各地で生涯学習やまちづくりの事業を実際に起業するという点にあります。

山口県の指導者養成講座は、平成一六年から三年間、同一事務局、同一テーマ：「地域指導者養成」、同一講師陣によって山口県セミナーパークで実施されました。土日にわたる二日間研修を二回繰り返し、最後は土曜日の一日研修で締めくくる「三回 - 二泊 - 五日間」の断続研修でした。土日の研修には宿泊と懇親会を組み込んで研修生相互の交流・連帯・チーム意識の形成を図りました。この研修スタイルは研修生の実践姿勢や研修風土の形成に著しい成果を上げることが分かりましたので、二年目からは受講生の要望と事務局、そして講師の気持ちが一つになり「四回 - 三泊 - 七日間」に延長するまでになりました。また、二年次以降は行政の推薦参加を廃止し、参加者はすべて公募制としました。以来、毎年三〇～四〇人の参加者は、民間グループ・サークルのメンバーと一般の個人参加者が主流になりました。行政予算の単年度編成の枠組みの中で、各研修グループは企画 - 立案 - 実施 - 評価のサイクルを一年以内に修了することが義務づけられました。研修の最終回には各グループの実践報告を持ち寄り、公開の発表会を行い、最終報告書のレポート作成が課されることになっています。

山口の研修が生み出した年次別の主たる実践事例は以下の通りです。

《起業された主たる実践事例一覧》

平成一六年度（三八名）は、実践につながりませんでした。

〈平成一七年度〉

①「周南市ひと・輝きプロジェクト」

防災教室を通して災害時に地域は何ができるか、実践を通して検証することをテーマにして活動することにしました。しかし、住民を動かすことがどれほど難しいかを体験することになりました。ところがこの活動がもとで周南市商工会議所の若手メンバーとの交流につながり、現在では若者を対象とした「徳山やんちゃ祭」の一員として活動する原動力につながっています。

②「夢の商店街をつくろう」

宇部市の中央部に位置する新天町商店街の活性化に向けた活動でした。町がそして商店街が衰退する現状を素人集団が救えるかということがキーワードでした。あきらめずに何度も通ううちに商店街を愛する熱意が伝わり、いろいろなアイデアを実践することができました。現在、グループ自体は解散していますが、商店街が独自のアイデアで生涯学習活動をするまでになっています。

〈平成一八年度〉

①「子どもふく福事業—地域の宝　見つけませんか—」

宇部市の東端にあたる東岐波地区（世帯数約一万）の児童と地域の架け橋となって三世代交流のきっかけづくり、さらには子どもたちが思いやりや命の大切さ、人を敬う心を学ぶことを計画しました。特にこの事業の目玉は「独居老人」の自宅を誕生月に子どもたちが訪問し、ケーキとカードを渡し、話し相手になったりするというものでした。現在は大人だけの事業となっていますが継続しています。

②過疎に立ち向かい「自然と歴史」を活かす地域支援ネット「かぜ」

着実に過疎が進む町（岩国市美和町）をどう救うことができるか。また、過疎化をどれだけ遅らせることができるかに着目し事業を立ち上げました。この事業は地域住民を目覚めさせ、牛歩のごとくゆっくりではありますが現在も進行しているのです。

さらに、この事業から下関市豊田町「肥中街道まちづくり」や山口市小郡町「山頭火カルタで地域おこしへ」と発展をしています。

③子ども文化村で新しい風を創る――「ながと寺子屋」事業の立上げに向けて

この事業は子どもたちにわくわくするような土曜日の居場所をつくろうということで計画しました。計画に当たっては、子どもが参加できるプログラムを幅広く整えるために準備委員会の設立（これには公民館長の賛同を得る）を通し、約半年かけて準備を行いました。二年目「地域寺子屋推進ゼミナール(**)」に参加した会員のアイデアを生かし、より一層の会員を増やすとともに参加する児童の数も一〇〇名を越すようになりました。現在も毎週土曜日に実践中です。

④小学校児童クラブへの「発達支援プログラム」導入――「井関夏休み元氣塾」

この事業はこれまでの保育の領域から抜け出せなかった学童保育に教育という新たな領域を加えた「保教育」という画期的な事業の展開を図りました。それまでどちらかと言うと学童保育に背を向けていた学校、地域を取り込んでの事業でした。事業を展開するまでには大きな壁が立ちふさがりましたが、一つ一つていねいに時間をかけ説得を続けました。その結果、一九年度こそ一週間の実践に終わりましたが二〇年度からは夏休みの全期間にわたり、月曜日から土曜日までの三六日間、三人の指導員のもと、多くの地域人材の協力を得て、朝八時三〇分から午後六時までフルに活動をしています。

山口県生涯学習推進センターは上記の実践の中から、地域課題との関連、事業の継続性と成果、費用対効果、参加者の動員数などを評価基準として、以下のような事例を選んで中国・四国・九州地区生涯学習実践研究交流会で発表しました。

ア　田中時子（岩国市美和町）「子どもの居場所・高齢者の活動舞台の創造――少子・高齢化、過疎、環境の荒廃を見据えたまちづくり」第二六回大会

イ　林義高（長門市）「『わくわく土曜塾』――公民館利用グループを中核とした『ボランティア村』の子育て支援」第二七回大会

ウ　野村聡美、上野敦子（山口市）「小学校児童クラブへの『発達支援プログラム』導入の波及効果――『井関夏休み元氣塾』の挑戦」第二七回大会

一方、北九州市若松区「若松みらいネット」は、まちづくり推進課の地域人材育成事業として企画されました。座学の研修会がまちづくりの地域活動に直結しないことを自覚した担当課は、山口県にならって実践必修の研修方式を平成二〇年度から取り入れました。それゆえ、研修の組み立て方は山口方式と同一発想です。「若松みらいネット」の研修は以下のような実践を生み出しました。

《起業された主たる実践事例一覧》

〈平成二〇年度〉

①商店街でママげんき！

子育て支援と商店街の活性化をめざした事業です。商店街の空き店舗を活用し、子育て中の親子を対象として子育てサポーターによる見守りや育児情報の提供を行うとともに、商店街の店主による「暮らしのノウハウ」を伝授する講座を実施して、商店街のＰＲも行いました。子育て中の親子だけでなく、高齢者も立ち寄る場となり、多世代交流の可能性が見えました。また、商店街の店主たちが、生活に役立つ講座の講師になれるということも証明しました。

②若松あそび塾――安心して、相談して、びっくりして

公民館や市民センターを会場に、子どもたちに昔遊びや物づくりを体験してもらう企画です。ねらいは、遊びを通して、仲間との協力、ものを大切にすること、遊びの面白さ、やり遂げる達成感等を知ってもらうことです。また、地域の大人たちが子どもに昔遊びを伝えることで、世代間交流を図ることもめざしました。具体的には、こま回し、皿回し、門松づくり、しめ縄づくりなどを行いました。学校や施設との連携・協力が不可欠な事業でした。

③エコで遊んで学ぶ得塾

身近な物を使った体験活動を通して、子どもたちに環境問題について関心を持ってもらうことを目的とした事業です。市民センターを会場に、第一回講座では「竹はしづくり」、第二回講座では「ペットボトルでかざぐるまづくり」を実施しました。参加者募集に苦労したものの、地域のボランティアの協力が得られ、身近な素材を利用したこのような体験活動の必要性を参加者全員で共有することができました。

④若松のルーツを探る！〜いやしの散歩道〜

四〇〇年以上の歴史を有する島郷四国霊場を舞台に、ふるさと若松の歴史と文化を掘り起こし、地域の活性化に役立てようという取り組みの第一弾です。グループで学習会や現地調査を行い、写真、フィールド・カード、諸文献を参考にしながらマップを作成しました。このマップを市民に気軽に活用してもらいたいとの願いから、今後、市民センターが実施する事業（健康づくりや親子ふれあい等）に活かせるようなコースを設定し、提案していくことにしました。

⑤玄海遊歩道自然遊び

既存の玄海遊歩道を市民にもっと利用してもらい、健康づくりやふるさとの自然を見直す機会にしたいと、新ガイドブックの作成、山登りイベントなどを行いました。遊歩道全コースを踏査し、コースの途中からでも上り下りができるような歩きやすいコース図を作成、山登り参加者約七〇名に配布しました。花の観賞や下山後の生姜湯でのもてなし、手作りの参加賞配布などの工夫もあり、他の活動団体、市民同士の交流も図ることができました。

⑥井戸端気分で話ができる公民館

地域の類似公民館を拠点に、地域の人たちが気軽に集い語り合う場をつくろうと、初心者のための「パソコン体験講座」を実施しました。講座は二ケ所の公民館で毎週一回（全六回程度）開講、マンツーマン方式でじっくり取り組めるようにしたり、初心者と上達者が交流できる「パソコン何でも相談」を行ったりしました。補助講師として、地域より数名の協力も得ることができました。継続希望の声が多く、公民館講座として拡充させる可能性も見えました。

〈平成二一年度〉

①若松のルーツを探る！――ウォーキング・ロードの開発

前年度の取り組みに続く第二弾です。作成したマップを活用し、市民センターを基点としたモデルコースを設定、これをウォーキング・ロードとしてPRするためのウォーキング大会「島郷地区史跡めぐりであるき:ing」を実施しました。当日は約一三〇名が参加、まちづくり協議会、健康づくり推進員、食生活改善推進員、ボランティア・グループ等との連携の道を開き、地域の特性を市民の健康づくりや生涯学習、地域づくりに生かす一つの方法を示しました。

②うら山につくろう親子の遊び場――今こそ見せたい親ぢから

子育て中の親に、自然の中で遊ぶ技術を習得してもらい、子どもと外遊びをする機会をつくり出そうと共同のプレイパークづくりに挑みました。具体的には、私有地を借りて、ツリーハウス、ブランコ、滑り台、ロープウェイ、テーブルなどを製作、ロープワークや火おこしの技術を習得したり、バーベキューやかまど炊きごはんで参加親子の交流会も実施したりしました。親同士が仲良くなり、次の事業展開を模索する核集団ができたことも大きな成果でした。

③愛されたいから続け隊!!　ふれあい健康サロン

高齢社会の重要課題である健康をテーマに、日常的に楽しく継続していくことのできる健康づくりの手法を提案しようとした企画です。病気になる前に取り組んで体調を維持しようという〝治療よりも予防〟という視点で、市民センターを会場に、隔週で全五回の講座を実施しました。薬草作り、体力測定、軽体操、室内遊び、ペタンクなどのニュースポーツを取り入れたプログラムはおおむね好評で、ペタンク教室を毎月開催することを検討することになりました。

④パソコンいろは教室

前年度の企画がパワーアップ、特に高齢者や専業主婦など在宅頻度の高い住民に対して、地域交流の場とパソコン技術向上の場を提供しようと、二ケ所の市民センターで初心者パソコン講座を各全一〇回開催しました。丁寧な個人指導によって、町内回覧物や会計資料、広報誌なども作成できました。受講者の強い希望もあり、市民センターのクラブ「パソコンひろば」として継続することが決定し、また受講生から補助講師を育成するという人材活用の道も見えました。

⑤ひびきのからのりかえてみよう——学研留学生と若松ぶらり交流あるきing

学術研究都市「ひびきの」の留学生は、若松区に住んではいるが若松の中心市街地にはあまりこない、という実態を確認し、留学生に若松のよさを知ってもらうこと、留学生の視点でまちづくりを見直すことをめざした取り組みです。既存の国際交流・留学生支援団体の協力も得て、留学生参加の若松東部の魅力スポット探訪、地元住民と留学生との交流、意見交換を行いました。区役所に「留学生コーナー」を設置し、情報紙を作成することが提案されました。

それらの中から最もユニークで地域課題にマッチした成果として、次の事例が推薦され大会で発表されました。

四宮嵩世（北九州市若松区）「〝商店街でママ元気〟―子育て支援と商店街活性化構想を融合した『若松みらいネット』の実験事業」第二八回大会

両研修において、それぞれの研修グループの実践事業に完成度、成功度の違いはありますが、上記の研修スタイルが例外なく起業‐実践に取り組み、その後も複数のモデル事業が継続・進化していることを考慮すれば、上記の研修方法が人材育成に機能していると言っても過言ではないと思われます。

上記それぞれの事例テーマは、研修生相互の自由討議とKJ法を活用した診断作業の中から選び出されています。地域課題に対する研修生の問題意識や自分たちの力量を勘案しながら取り組んだ背景が大体想像できるのではないでしょうか。両研修の最大の特徴は、研修生自身が診断－処方－実践のプロセスに関わったということであって、講師陣の指示や指導は最小限にとどめられているということです。換言すれば、講師陣は案内役とコーディネーターと応援団に徹し、「研修生自身が地域の現状を診断し、そこから課題を設定して取り組む」という研修スタイルを設定したことの成果であったと思われます。実践事例一覧から明らかなように、研修生の問題意識は、世代間交流、防災、過疎対策、環境問題、高齢者の健康学習、青少年健全育成、公民館活用、国際交流など実に多岐にわたっています。上述の通り、研修の成功は、すべてのグループが事業を実施していることからも明らかです。さらに研修終了後も、研修を通して起業した事業が継続・発展しているものもあり、また、当然、修了生は、研修の成果や人脈を活用して、生涯学習やまちづくり事業のボランティアとして官民を問わず地域の中核事業に参加するなど、生涯学習まちづくり事業の核となりうる人的資源が育ち、蓄積されつつあることも確実です。

＊第二五回中国・四国・九州地区生涯学習実践研究交流会及び第七六回生涯学習フォーラム（平成一九年三月）において「生涯学習実践研修の創造と企画運営方法の転換—『実践のための学習』を前提とした宿泊型継続研修における人間関係の形成過程と実践力の意義」（赤田博夫・大島まな）と題して報告しています。

＊＊山口県生涯学習推進センターの指導者養成講座の一つ。児童・生徒を対象とする寺子屋や支援塾を立上げ、その企画・運営やネットワーク構築の推進力となる人材育成をめざした事業で、平成一八年度から三年間実施されました。

⑵ 未来の必要：実践型研修の理論と構造

山口県生涯学習推進センターや北九州市若松区の「若松みらいネット」事業の経験を通し、従来型の座学研修では期待する事業は起こらず、事業に関わるべき人材は育たず、蓄積もできないことが分かりました。それゆえ、座学に終始し、理論や分析を学ぶだけの研修からは、まちづくりや生涯学習を推進する人材は生まれないのです。両機関とも地域人材養成講座を基本的に見直しました。そして、実践者を育てるためには実践の遂行を必修とする研修プログラムが不可欠であるという認識に到達したのです。

実践型研修のねらいは次の二点に集約されます。
①実践者を育成し、当該地域内で自らの意志と方法によって持続的に何らかの生涯学習関連事業を創始するイニシャティヴ・グループを形成すること
②研修後に、引き続き関係機関の類似事業に参加・協力してくれる生涯学習ボランティアを確保し、蓄積すること
これらが達成されるならば、研修の有効性が証明され、公金投資のアカウンタビリティが向上します。

上記の研修目的はほぼ達成され、研修生相互の交流や連携も期待を越えて促進されました。共同事業において「同じ釜の飯」を食ったという実践を通した「経験の共有」が図られた結果であると言えます。実践型研修によって成果が上がることが明白になりました。

実践型研修が実践者を生み出すというメカニズムは、実践を取り入れた研修プログラムの内容と方法の組み立て方にあったと考えられます。

①実践必修の「構え」ができている

学習にしても実践にしてもそれらが成立する前提条件は「構え」の有無です。実践型研修の最大の強みは、実践の「是非」や「可否」を研修生に問わなかったということです。初めから実践を必修とすることが宣言され、参加条件を事前に周知することによって、受講生に覚悟―「構え」ができているのです。あるいは、実践があることを望んで参加しているのです。

②完全公募制

行政からの動員や推薦をやめたことによって参加者の質が変化し、消極的で義務的な意識で参加する研修生は姿を消しました。公募制による参加希望者に絞ることで、やる気に満ち積極性のある受講生が集まるようになったの

です。

③事例モデルの提示

受講生の問題意識を紡ぎ出すために、講師陣は各地のさまざまな具体的実践事例をモデルとして提示し、その背景、目的、内容、方法を解説しました。

④理論と実践の往復運動

実践型研修の最大利点は、医学の言う臨床と同様、理論や計画案の「現場検証」を行うことが可能になることです。現場に下ろされた理論も方法も直ちに現実の状況や実態からその有効性が試されることになります。「現場検証」は、失敗によっても成功によっても理論と方法の有効性を実践者にフィードバックし、実状に即した新しいアプローチや考え方を導き出します。それを「理論と実践の往復運動」と呼びました。研修生は現場検証の経験を積むことにより、実践体験に基づいた「現実対応能力」を順々に体得していきます。

⑤宿泊型研修の意味

実践型研修は参加するグループメンバーの共通理解とチームワークが成功の基本条件になります。宿泊型研修の導入は実践型研修のための相互理解と風土づくりを醸成することを主たる目的としました。宿泊、入浴、懇親会などの「交流」機会を設けることによって〝寝食を共にし〟、〝同じ釜の飯を食う〟という「生活体験の共有」を創り出すことができます。「経験の共有」こそが日本人の交友を促進することは、つとに社会人類学者中根千枝氏が指摘したところでした(*)。実践型研修は、研修の表舞台でも、懇親交流のような裏舞台でも、人々の「経験の共有」の場を意図的に設定したのです。形成されたチーム内の人間関係も、チーム間の交流も合宿を通して一気に促進され、皆が打ち解けて連帯が強まり、研修及び実践に対する意識を高めることができました。

⑥継続研修の効果

実践型研修は新しいメンバーを補充しながら、初期から参加した研修生が年を追って研修を継続していきましたが、多くの実践は一年目よりは二年目、二年目よりは三年目というように実践内容と方法が進化しています。継続研修の効果と呼んでいいと思います。

「継続効果」は、現場検証を伴う理念と方法の一貫性を確保したことで生まれました。もちろん、学ぶべきことはたくさんありましたが、研修の目的をあくまでも〝実践する〟ということに集中して、関連事項であっても、実践のエネルギーを拡散させるような別分野の研修に時間と労力を分散することのないように努めました。ここで行われる実践型研修は座学と演習の研修過程に実践を組み込むことによって、さまざまな問題に遭遇しながら、その都度ＰＤＣＡ（plan-do-check-action）のマネジメント・サイクルを繰り返していくのです。このマネジメント・サイクルの作業過程を通してチームの団結が一層強まっていくという効果も認められました。

⑦ＫＪ法の革新性と創造性

ＫＪ法の革新性と創造性は「全員参加型」にあります。記録者を交替しながら全員の発言を記録していくＫＪ法は、その作業過程をグループ全員で共有することにより、メンバーの参画度が高まり、共通理解が深まり、チームワークの姿勢が確立して、実践場面における目的・方法が最後までぶれない効果を発揮します。ＫＪ法の活用によって診断も処方も全員の共同作業の結果であり、自分の意見や感想は目の前のカードに記録されているので、万一意に染まないことが多少あったとしてもチームの中で部外者的立場を取ることが自制されるものと思われます。

⑧事務局と講師の支援機能

参加者の意欲や状況は、研修期間が一年の長丁場になると大なり小なり変化することは避けられません。人間の目標追求行動は意欲にもエネルギーにも波があるということです。集合研修以外の場と時間においても研修の過程が続くというのが実践研修の宿命です。そのため「中だるみ」や「中途挫折」を防止するため各チームの活動を見守り、適切にサポートする継続的な支援機能が極めて重要になります。この時、事務局及び講師陣は、実践現場へ足を運び、関係者との連絡調整を応援し、事業スタートの予算を準備し、各グループの実践の進捗状況を報告しあう広報の提供など、物心両面での支援体制に万全を期しました。なかでも広報による各チームの進捗状況の周知や情報の共有はそれぞれの活動の意義を社会的に承認するという心理的な認知・評価の意義をもたらしました。「社会的承認」こそが各チームの意欲や情緒の波を一定水準以下に落さない激励の機能を果たす鍵になります。

このように、年間を通した実践プログラムを継続し、その目的を貫徹するためには、集合研修時間以外での支援と工夫が不可欠であり、受講生と講師陣及び事務局が同じ方向をめざして歩み続けてこそ達成し得ると言えます。

＊中根千枝『タテ社会の人間関係――単一社会の理論』講談社現代新書、一九六七年

3　人材育成研修の質を問い直す――社会を支える市民を育成する

これら二つの事例は、企画趣旨とプログラムの工夫、参加者のやる気、講師の指導力、事務局の支援の条件が整えば、地域社会の必要課題解決に向かって行動する市民は育成できるということを証明しました。しかし、現行の人材養成研修プログラムの多くは、養成したはずの人材が目的に沿って適切に機能しているか否かを問う評価の視点さえ持っていないことが多く、実践に移行するプロセスを支援する必要な条件も整っていません。市民が自らの生活課題や地域社会が抱える課題を自分たち自身の手で解決しようとする意欲や行動力を育成するための必要にして十分な条件は何でしょうか。実践事例から導かれる未来の「あるべきプログラム」の視点や条件は以下のようになると考えます。

⑴　社会教育の重心を「必要課題」の診断と処方に移行する

生涯学習概念によって、個人の興味・関心を中心にした「要求課題」の学習プログラムが社会教育の主流になっていますが、日本の社会教育が従来通り、公金を投資する公的なセクターで存続することを前提にすれば、この際、税金の支出に見合った形で教育の成果が社会に還元されるというシステムを真剣に問うべきではないでしょう

か。生涯学習を基軸として以来の社会教育には、人々が学んだことや身につけた能力を社会のために生かす活動、社会の「必要課題」に対処する学習活動を支援・推進する発想とシステムが欠如しています。教育行政の重点を、個人の要求実現に資することを目的とする生涯学習の推進から、社会的課題を教育的に解決しようとする社会教育へ再転換する必要があります。そのためには、社会教育行政の任務の中に地域社会の現状を診断・処方する機能を位置づけることが重要です。社会教育を公的分野の機能として維持していくためには、官民が取り組むべき必要課題は何かを行政の企画者がきちんと把握し、学習や研修の成果を適切に評価する視点を持つこと、プログラムの目的、内容、方法の最適化を吟味することが必要な条件になります。趣味やお稽古事の講座や座学研修よりずっと手間はかかりますが、地域で実践する人材を確実に育成・蓄積していくことが、結局は社会教育行政を推進していくためにも最も効率的なのではないでしょうか。

(2) 座学研修に終わらない実践力育成プログラムの実施

人材育成の成果を上げるためには、地域課題や生活課題あるいは社会問題を解決しようという意志と役割を明確にした研修が不可欠になります。人間の行為や行動を見る限り、頭で理解したことがそのまま実際の課題解決に反映されるということの方が稀です。座学研修の限界は、理解者を育てることはできても実践につなげることができないということです。そして実践者が増えなければ社会は変わらず、課題の解決もできないという点です。

理解力は学習によって高めることが可能ですが、実技と行動を伴う課題解決力は、実践を通してしか身につかないものが多いのです。「畳の上の水練」と同じで、〝やったことのないことはできない〟という教育原則にも通じます。社会教育が人材育成の教育機能を十分に発揮するためには、行政や企画担当者が、座学研修の限界を認識し、人材の価値を理解し、実践力は実践を通してこそ身につけられるという視点を持って、実習・実践を研修プログラムに取り入れることが重要なのです。

⑶　集団の人間関係形成過程を重視する

人材育成研修は、研修の性格上、個人学習ではなく集団学習が中心になります。一人で社会的課題に取り組むことには限界があります。座学は個人の知識や問題意識の変容をもたらしますが、課題の解決活動は通常集団活動にならざるを得ないのです。集団の人間関係形成が、活動の中身や成果に大きく影響するのはそのためです。実践活動と集団の人間関係は相乗的に深化していきます。実践の成否は集団内の人間関係によって左右され、逆に、チーム内の人間関係は実践の成否によって大きく影響を受けるのです。研修の中で形成される結びつきや連帯感と、実践への取り組みの継続的な過程で培われた仲間意識や心の絆は永続性があり、事業のその後の発展や、将来の地域のネットワーク形成のためにも大切です。一度形成された人間関係は実践の継続に役立つにとどまらず、地域の力として蓄積されていくのです。

⑷　参加者の確保——学習者集団を研修につなげる

公募制でやる気のある参加者を集めると言っても、実践を必修とするということは負荷の大きい研修になります。当然、募集要項を公表し、ただ店を開いて待っているだけでは参加者はなかなか集まってくれません。事業の担当者は、地域で活動を展開する可能性のある学習者集団やすでに活動しているグループ・サークルに着目して、積極的に声をかけたり、別の座学のボランティア養成講座の修了後の選択コースとして、実践研修につなげることも考えてよいでしょう。

また、社会教育主事等の社会教育関係職員、地域の指導者の短期・単発型の研修を改変して、断続的な長期研修として、実践必修のプログラムを組み込むことも工夫次第です。

参加者を集めるためには、研修企画者に研修の趣旨や意義を明確にすると共に、地域貢献の活動を公的に顕彰できるような工夫と戦略も必要でしょう。

(5) 多様な課題に対処する多様な市民の多様な活動を支援する――部局間連携と担当者の力量

社会の必要課題は通常、複雑で、総合的で、分野横断的で多岐にわたっています。人々の生活課題は、生活のあらゆる領域に関わるものですから、教育行政の領域に収まらない問題も当然予想されます。必要課題の多くは複合的課題であるということです。教育行政であれ一般行政であれ、課題に対処する市民の活動を応援するには、分野を越えた公的な調整と連携の支援が不可欠になります。また、行政だけでは手に負えない多種多様な課題が地域社会には混在し、市民の自発的課題解決活動の重要性がますます高まっています。官民「協働」の概念が導入されたのはそのためです。行政では手の届きにくいところを市民自身のニーズと興味・関心によってカバーするためには、質量共にこれまでとは異なった行政支援が求められます。協働の予算的支援はもとより、先述の研修機会の充実、広報活動による社会的承認と顕彰などが基本です。この時、複合的課題には行政部局間をつなぐ調整や連携の支援が特別に重要です。

研修の企画者には、地域の人材、施設・教材、助成金などの財源、各種情報などの地域資源をつないで、より効果的な活動を推進できるコーディネート力が求められます。地域資源には、ボランティア・グループやNPO、大学や企業なども含まれます。複合的事業を支援するためには活用する資源の「無境界化」を前提とし、行政が市民と協働する姿勢を持ち、実践者としての力量を備えた専門家としての研修担当者を育てることが重要なのです。このように考えれば、あらためて社会教育主事の専門性が問われる時代がきているということでしょう。

(6) 求められる講師の指導力と熱意

先に、人材育成の一定の条件が整えば、実践する市民の育成は可能だと述べました。この一定の条件の中には、研修を担当する講師の指導力や熱意などの要件が含まれることは当然です。研修プログラムから実践のエネルギーを導く講師に求められる能力は、次のようなものだと想定されます。

①講師自身が、社会の必要課題についての豊かな知識とさまざまな問題を多面的に見る目を持ち、問題意識を整理していることです。

②課題に関連する先行事例を豊富に知っていることです。事例の社会的背景、目的、内容、方法等を分析的に解説するだけの説明力が必要です。

③人間関係づくりに努めるプロモーター、ファシリテーターとしての能力、個々人の参画度を高め、それぞれの特性を生かしながらも集団が全体としてうまく機能するように支援するオーガナイザーとしての能力と組織的な活動の経験が大切です。

④実践を必修とする研修は、開始から終了までの過程に膨大な時間と労力を要します。したがって、一定の期間、一貫して指導する熱意や体力が求められます。成人は仕事や家庭生活で忙しく、義務を伴わない実践活動の負担を背負うにはかなりのやる気が不可欠です。講師には、研修や実践の継続期間に受講生が意欲を保持し続ける心的エネルギーを喚起できるだけの情熱や共感、持続して受講生を引きつけておく心的なエネルギーや吸引力がなければ、実践必修の研修を貫徹することは難しいのです。

⑤実践研修はやり甲斐や出会いや楽しみを生み出せなければ長続きしません。懇親会や宿泊交流などが重要なのはそのためです。結果的に講師陣の拘束時間は通常の座学研修の何倍にもなりますが、交流の機会を積極的に生かして楽しむことが大切です。「場の共有」・「経験の共有」を意識し、最大限に活用することで、講師と受講生の人間関係形成もまた図られるのです。

実践研修の理論と方法は、社会教育を企画・立案・プロデュースする社会教育主事等の研修に導入することが求められるものではないでしょうか。

あとがき　激変の時代の社会教育実践

1 「未来の必要」をコンセプトに

昭和五七年に第一回を開催した「九州地区生涯教育実践研究交流会」が、このたび第三〇回大会という大きな節目の年を迎えました。

この三〇年間はかつてわが国が経験したことがない激変の時代でした。科学技術の革新は従来の流通・交通体系を一新し、国際化・情報化を進展させ、わが国の産業構造は農山漁業から工業、情報、サービス、流通に変容し、文化の基盤も、地域社会の人間関係も一挙に農村型社会から都市型社会に移行していきました。少子・高齢社会が到来し、暮らしのスタイルも社会の全分野にわたって流動化、陳腐化、無境界化が進行しました。この都市化現象の進行経過をみれば、今回到達した三〇年の節目もいまだその変化の途上であると言えるのかもしれません。

こうした変化は否応なしにあらゆる分野で新しい課題を生み出しています。人々が課題を解決し、身辺の変化に適切に対応していくためには、まさに生涯教育システムの一層の充実と絶えざる適応行動の実践が不可欠であることが明らかになりました。今後、人々の生活に生起する課題についても、それらを左右する社会的条件の変化についても、正確に予測することは非常に難しい問題ではありますが、現在を分析・投影する中から「未来の方向」、「未来の必要」を予測する以外、対処の方法を確立することはできません。「変革」にせよ、「適応」にせよ、教育が核になることは疑う余地がありません。国民が理解しないあらゆる改革は前に進みません。わが国が変化の時代を切り拓いて発展していく未来の必要条件は何なのか、本書のキー・コンセプトを教育における「未来の必要」としたゆえんです。

本大会では、過去三回にわたる記念出版によって時代のあるべき「生涯学習」の分析を世に問うてきました。第一回は一〇回大会を記念して平成三年、第二回は一五回大会を記念して平成九年、第三回は二五回大会を記念して平成一八年に出版しました。いずれの記念出版も、過去の大会で発表された実践研究の事例の中から優れたモデルを拾い上げて紹介しています。過去三回の記念出版は、それぞれの時点で編集方針が少しずつ異なったため、分析から提言に至る編集上の構成や文章上の表現は一様ではありませんが、出版の基本目的は、大会で発表された実践研究事例が時代に提示した意義や先駆性・モデル性、さらには将来の方向性等を評価して、解説したものになっています。

第二九回大会までに発表された実践研究は累積七四一事例に達しました。その発表内容の推移、変化を見れば、過去三〇年の時代の変化の速さと凄まじさが良く分かります。たとえば、ある時点で、時代が優れた実践であると評価したものも、社会の条件が変わって、評価基準が変われば、数年で姿を消してしまった事例も少なくありません。累積した発表事例を概観すれば、社会的条件が変わり、人々の価値志向や生活スタイルが変化する過程で、迅速に取り上げられた課題、後回しに積み残された課題の両方が同時に存在しています。生涯学習の振興策が成功して、変化がもたらした課題に迅速に対応した実践もあれば、課題の診断を誤ったがゆえに、大会の発表事例に登場することなく忘れられた実践も散見されます。

今回、三〇年の節目を迎えるにあたって、過去の大会準備に携わってきた福岡県の実行委員の協議の中で、この度の記念出版は、過去三回の記念出版とは異なる視点、すなわち過去の事例の「分析・評価・紹介」から、過去の実践を素材として「未来の必要」を導き出すことを主要コンセプトにしようという考えに至りました。新しい編集方針は、第二八回大会の実行委員会に提案し、参加各県実行委員の了承を得ました。実行委員の皆さんには、過去を論じて報告する代わりに、「未来の必要」を分析して提言すると説明しましたが、当初はまだはっきりと分析―執筆の方針・方向性が確立していたわけではありませんでした。しかし、福岡の実行委員が議論を重ねる中で、個々の発表事例の過不足・制約条件を吟味して「未来を展望していく素材」として見ようという考え方で一致しました。過去を「未来展望」の素材とするという意味は、過去の優れた実践事例を時代変化に対応する「途中経過の事業」として考え、当該事業が時代に提案しようとした「本質的意味」を探り、未来に活用できる「最大公約数」たり得る理念を取り出し、将来起こりうる課題を予測して、〝本来の事業はかくあるべきである〟という「内容と方法を提示する」と言うことです。過去はもちろん現在の条件にとらわれれば「未来の必要」は想定できません。「未来の必要」を導き出すためには、過去と現在の事実を投影して「未来の条件」を想定しなければなりません。

それゆえ、各執筆者は、予断・独断を防止するため、別途に同時進行させた「生涯学習フォーラムin福岡」の研究会に個々の分析と提案の原稿を発表し、各自が想定した「未来の条件や必要」が論理的に妥当であるか否かを外部参加者の評価・点検を受ける仕組みをとりました。「未来の必要」は、過去の実践を素材としながらも、政治や行政の既成の枠にとらわれず、過去に欠落していたものあるいは過去を制約していた条件を補完し、新たに想定すべき条件や課題を想定して、それらの解決方法を関係者のグループ討議を経て探ることにしました。私たちの挑戦がどこまで成功したか否かは読者の判断を待たなければなりませんが、「温故知新」を徹底し、優に七〇〇を越えた実践研究事例を「未来の立国論」の視点で分析・提案することを私たちの願いとし、共通理解としました。

2 「生涯教育」が「生涯学習」に、「社会教育」も「生涯学習」に

昭和四六年に社会教育審議会から「四六答申」と呼ばれる答申が出され、わが国に初めて生涯教育の考え方が導入されました。四六答申は「急激な社会構造の変化に対処するこれからの社会教育の在り方」というタイトルで、時代の最大特徴を「急激な社会構造の変化」ととらえています。四〇年前によくぞ今日の変化を正確に読み切っ

て、その方向を予測したものと新鮮な驚きを感じます。

昭和五六年になって、中央教育審議会から「生涯教育について」の答申が出されました。かつて学校教育以外の分野の答申は出したことがないと言われた中央教育審議会が、「生涯教育」時代の到来を答申したことは、当時の社会教育関係者にとっては新たな社会教育の時代が来ることを意味しました。学校教育外での教育事業が全社会的に新展開することへの期待が高まったことは言うまでもありません。

ところが、教育政策の方向は必ずしも期待通りには変わりませんでした。昭和五九年から六二年にかけて審議された臨時教育審議会の答申では、教育改革の視点として①個性重視の原則、②生涯学習体系への移行、③変化への対応が提起されるにとどまりました。このことが、その後のわが国の教育の在り方に大きな影響を与えることになりました。

社会構造の変化は、あらゆる人々に変化への適応を要請し、次々に新しい課題を提起します。変化と新しい課題への対処法こそが生涯教育だったわけですが、その生涯教育の考え方は臨教審答申によって「生涯学習」概念に変更されたのです。「生涯学習」概念は、平成二年七月に制定された「生涯学習振興法」（生涯学習の振興のための施策の推進体制等の整備に関する法律）により法律上の根拠が与えられ、わが国の社会教育行政および国民の社会教育に対する考え方を一変させることになりました。

「生涯学習振興法」の成立以来、生涯教育の理念は日本社会からほぼ払拭されました。学習の主体は市民であり、市民の主体的選択と学習を推進する「生涯学習」概念の普及・浸透に行政の力がそそがれるようになりました。したがって、教育の対象が主として青少年に限定される性質上、市民主導を唱導できない学校教育は生涯学習の範疇から外して考えるという政策がとられたのは自然の成り行きでした。

伝統的共同体が衰退し、個人の権利や主体性が強調され、人々の生活スタイルの都市化が一段と進む中で、生涯学習はまさに自由と主体的な生き方を促進する「追い風」と受け取られました。学習者が主役であるという風潮の中で、いつしか社会教育は、内容・方法・目的の吟味も不十分なまま徐々に「生涯学習」概念に置き換えられ、公教育の教育機能は市民生活から大幅に消滅していきました。教育行政における所管部署の看板が「社会教育課」からほぼ全面的に「生涯学習課」に置き換えられていく過程と軌を一にしています。

3　三〇年の軌跡

⑴　大学から社会教育センターへ

「中国・四国・九州地区生涯学習実践研究交流会」（以下「大会」という）の第一回は、昭和五七年に福岡教育大学のキャンパスで「九州地区生涯教育実践研究交流会」の名称で開催されました。六本の実践発表、四一名の参加者でした。第三回からは新装なった福岡県立社会教育総合センター（以下「社教センター」という）を会場として開催してきました。第一〇回大会（平成三年）からは学習者の主体的な実践活動の充実を求めるという時代の流れの中で、本大会もまた「九州地区生涯学習実践研究交流会」と「生涯教育」を「生涯学習」に名称を変更しました。時代の流れはまさに「生涯学習」一色になっていたのです。

⑵　九州地区から中国・四国地区への拡大

第六回大会以降、九州以外の中国・四国地区からの参加者が年々増えてきました。第一二回大会から中国・四国地区からも実践研究の発表を受け入れるようになりました。大会参加者の拡大に伴って、第八回大会以降は、福岡県が担当してきた大会の企画のあり方を変更して、九州各県から選出された実行委員による集団運営方式に切り替えました。運営方式の変更を機に、大会は名実ともに九州地区の大会へと様変わりしました。第一四回大会からは、同様の方式を、中国・四国地区の参加者にも呼びかけ、実行委員会に正式に加入してもらいました。このことにより大会が九州地区の枠を超えることになったので、日本生涯教育学会の許可も得て、名称を「中国・四国・九州地区生涯学習実践研究交流会」と改称し今日に至っています。

大会は毎年五月の第三土曜、日曜日を定例開催日に固定して実施してきました。最初は土曜日の午後から翌日の午前中の日程でしたが、第五回大会の周年記念事業として第一日目の土曜日の午前中に特別企画「生涯学習時代の企業内教育」をテーマとする実践発表が行われて以来、この特別企画方式が定着し、参加者も着実に増加しました。第八回大会からは正式に土曜日の午前中を日程に組み込んで今日まで続いています。さらに、土曜日の午前を日程に組み込んだ結果、金曜日の夜から前泊する遠方の方が多くなりました。こうした前泊者のもてなしと懇談の会が定例化し、大会に新たな付加価値が生まれました。第二一回大会から金曜日の前夜祭が、正式に日程に組み入れられ、前夜祭と併せて日頃なかなか一堂に会する機会を持てない実行委員会を同時開催することになりました。前夜祭と実行委員会を抱き合わせたことで出席者が大幅に増加し、大会機運も盛り上がり、実行委員会の集中審議が可能になったことで大会運営の大きな力になりました。

(3) 実践研究への焦点化

大会はその創設の当初から現場の声を大事にし、現場のための大会にしようという合意ができ上がっていました。自らの実践を踏まえない意見表明は認めないという不文律が徐々に定着しました。通常の学会と最も違うのが「自らの実践」を発表参加の必須条件としたことでした。大会の名称が象徴する通り、大会は実践の研究にこだわり続け、実践研究の発表と交流をメインにしてきたことは言うまでもありません。したがって、大会は実践者の相互交流を最も重視しました。社教センターの格別の計らいで、大会期間中は施設全体を貸し切りにしていただき、設立当初から参加者相互の情報交換会を設定しました。大会は研究と交流を同等に重視し、実践者相互の懇談と懇親は、大会を構成する実践研究発表と並ぶ重要な柱です。最初は六時間の研究発表と深夜一二時まで及ぶ六時間の懇親・交流の宴というプログラムが大会の特色になりました。各自治体の現場の制約条件と苦闘せざるを得ない実践者は、それぞれの苦労話と熱い想いを持ち寄ります。参加者相互の交流は、熱気に満ち、同志をつなぎ、それぞれに努力を重ねてきた実践の社会的認知度を高める絶好の機会となったことで、発表者以外の参加者からも予想以上の共感と賛同を得て、翌年以降の発表につながっていったのです。実践研究と相互交流に焦点化した大会の精神は変わることなく三〇回大会まで受け継がれてきています。

⑷ 参加者がつくった大会

大会には参加者がそれぞれに地域の特産品を手土産に持参してくれました。いつしか大会への参加者は居ながらにして九州各県の特産品が手にでき、口にすることができることが評判になり、看板になり、口コミで広がり、次の大会への誘い水にもなりました。手土産の残量が多くなり、〝もったいない〟という発想から、第四回大会の懇親会で初めて「競り市」を実施しました。以来、参加者持参の特産品による「競り市」が大会の名物になっています。競り市の「売り上げ」は翌年の大会の運営費やパンフレットの印刷代になっていることも付け加えなくてはなりません。

この三〇年間、本当に多くの仲間との出会いがありました。ここ数年の大会には毎回四〇〇名を超える参加者があります。第一回から延べにすれば優に一万人は超えているはずです。日本生涯教育学会から二万円の助成金は受けているものの、基本的に運営のほとんどは第一回から手作り、手弁当の方針を守り通してきました。筆者には、他県に出向いた時、初めての出会いと思って話していた方から思いがけなくも「私もその大会に参加しましたよ」と言われた経験が数多くあります。手弁当で運営する質素で、慎ましい研究会でしたが、社会教育の「志」を同じくする各地の同志が、それぞれの実践を引っさげて、手弁当で参加してくれたことで初めて可能になった大会であったと感謝しています。

4　継続を支えた力

(1)　実践へのこだわり

冒頭既述の通り、過去、延べ七四一事例の実践が発表されていますが、大会を継続させた第一の要因は「実践」へのこだわりであったと思います。「実践」に比べれば、「評価」や「解説」に類する論評は比較的に容易いことです。実践にはさまざまな制約条件があり、理論通りにいかないことばかりであることは、苦労を重ねてきた実践者なら誰でも知っています。だからこそ、苦労を知らない「外野席」からの論評は不快だったに違いありません。研究者からの論評をめぐって激論が戦わされたこともありました。大会は徐々に実践していない人の論評を排し、大学等への案内を止めました。結果的に、実践中心の研究会にしたことが成功の重要な要因になったことは疑いありません。

変化の激しい時代にあってこそ、担当する事業の工夫や試行錯誤の挑戦の意味が問われます。大会には、各地の実行委員が選りすぐった最先端をいく実践が集まってきました。もちろん、多くの制約条件の中で行われた実践にはさまざまな不足や欠点もありましたが、実践の苦労と成果を聞いてもらいたいという実践者の熱い想いが参加者の意欲や志を刺激し合ったことは疑う余地がありません。大会の別れに際し、〝来年も参加しよう〟、〝自分も実践発表しよう〟という数々の約束が交わされるのを実行委員は目撃しています。実践研究に関わった人々の志とエネルギーが参加者に認知され、拍手を浴び、当事者を奮い立たせ、熱気を帯びた当事者の姿勢がふたたび参加者に伝染していく光景こそが、大会を次の年度へつないでいった原動力であったと言えます。

(2)　拠点としての福岡県立社会教育総合センター

継続を可能にした第二の要因は社教センターの存在でした。公的施設を全面活用するためには、もちろん、いろいろな問題を乗り越えてきた経緯はあります。しかし、最終的にセンター職員の協力と支えがあって初めて大会発表と交流の拠点を確保することができました。手づくり、手弁当の大会実施を基本方針としてきたと書きましたが、その方針自体、センターという拠点がなければ貫徹することはできなかったでしょう。参加者の負担軽減を図り、参加者の利便性と快適性を保障できたのは、最低の運営経費で立派な会場を提供してくれた社教センターの物心両面にわたる支援があってのことでした。三〇年の間には大会の盛り上がりや、内容の濃さなどを評価して下さった他県の実行委員の皆さんから〝是非わが県での実施を〟という要望が何回もありましたが、社教センターに代わり得る拠点施設の確保は事実上困難でした。

⑶　県別実行委員会

第三の要因は、第八回大会から採用した実行委員会方式の大会運営であったと思います。各県に事例の発掘・発表の交渉を担当する実行委員が配置されたことで、事例の質と量が大きく向上しました。旅費も出せない、謝金も出せないという状況で、発表者を発掘・依頼する各県の実行委員の皆さんのご苦労とご努力はいかばかりであったろうかと頭が下がります。毎年それぞれの県での先駆的でモデルになる実践を探し出し、交流会に送ってくださった実行委員の皆さんには、本紙上を借りて心から感謝申し上げます。

⑷　徹底した懇親と交流

第四の要因は、実践者相互の交流を保障した五～六時間に及ぶ懇親・情報交換会であったと思います。現場の実践者は時に孤独です。時に、孤立無援です。実践者は同志による社会的承認と自分の苦労を分かち合える仲間に飢えていました。懇親・交流の時間を研究発表の時間と同等に重視したのはそのためです。発表時間を制限し、説明や質疑の足りないところは「自分で相手を捜し出して聞く」ことを原則とし、「合い言葉」にしました。そうした時間と場を保障したのが懇親・情報交換会でした。発表者を囲んで、質問が飛び交い、熱心に話し合う参加者の姿は当初から今まで変わりません。一次会－二次会－三次会－県別会と深夜まで懇親と交流が続きました。

⑸ 受益者負担を貫徹

第五の要因は、手弁当の貧しい大会運営が参加者に受益者負担をお願いしたことだと思います。大会は当初から「日本生涯教育学会九州支部」の看板を掲げてスタートしました。その関係で毎回二万円の助成金をいただいてきましたが、残りはすべて主催者と参加者が負担する手づくり、手弁当の運営で進めてきました。最近になって発表者にわずかな資料代を出せるようになりましたが、それまでは大会趣旨をご理解いただき、すべて自己負担・無報酬の参加、発表をお願いしてきました。結果的に、大会を継続する中で、自己負担・無報酬でも大会に参加・協力する意義と価値があると認めて下さる方々だけが「濾過」されることになりました。「濾過」の条件は熱意と志であったと言って間違いではないでしょう。それが参加者の同志的結合の絆を深めたのです。大会の外で私たち事務局には見えない人々の交流が縦横に広がりました。大会を契機に各県には、ミニ研究大会が生まれたり、同窓会的な組織や雰囲気も生まれ、各人の実践を支える力になったという声が多く聞かれます。

5 「生涯学習フォーラム」の設立と「移動フォーラム」の成果

第一九回大会（一九九九年）終了後、地元福岡県の実行委員会で、年一回の大会だけでは十分に生涯学習の研究も、県内の交流も進まず、新たな実践事例の発掘もできないのではないかという問題提起があり、平成一二年（二〇〇〇年）の一月から「生涯学習フォーラム」（以下「フォーラム」という）を実施することになりました。

期日は大会を実施する五月を除き、原則毎月第三土曜日、会場は大会と同じ社教センターを借りて、公開を原則とし、誰でも参加できる「この指とまれ方式」で始めました。まさに二一世紀とともにスタートしたフォーラムということになります。

フォーラムでは、原則として、実践研究発表を二本と発表テーマに関連した三浦清一郎氏の論文発表を組み合わせて定番のプログラムとしました。以来継続して、平成二〇年四月には一〇〇回の節目を迎えました。参加者は福岡県にとどまらず定期的に近県からの参加者もあり、年に一度の本大会とはひと味違った研究交流や人間関係の深まりができてきました。フォーラムの定例開催は、自然に本大会準備のあり方を変え、個々の実践研究選択のプロセスに大きな役割を果たすようになりました。

また、社教センターを主会場として進めてきたフォーラムは、四年前から大会参加の他県の皆さんに呼びかけ、時には「移動フォーラム」として各地の研究会や大会とジョイントして実施するようになりました。地元福岡県の実行委員を中心に、福岡のフォーラム出席メンバーが各地に出向くことによって「移動フォーラム」を受け入れて下さった他県の皆さんとの交流が深まり、翌年の大会にはより多くのご参加を頂くようになりました。「フォーラム効果」が大会の向上・発展をもたらしたと言って過言ではないでしょう。

6　生涯学習通信「風の便り」

フォーラムの内容については、第一回フォーラムのスタートと同時に三浦清一郎氏が発行・編集する生涯学習通信「風の便り」紙上で逐一、予告と結果を紹介してもらいました。「風の便り」は月刊ですが、毎月定例的に行われる「生涯学習フォーラム」の紹介のみならず、大会参加者の動向、大会仲間との通信交流の様子が掲載され、結果的に、大会機関誌的役割を担うことになりました。

また、「風の便り」に掲載された論文は、各地の実践事例の発表を分析し、その理論的裏付けや変化する社会の今日的課題についての論評を取り上げてもらいました。分析の対象となった発表者にとってはあらためて自分の実践の理論的意味を再確認することになり、また実践した事業が社会的に認知されるという社会的承認の機会を得る場にもなってきました。「風の便り」はささやかなメディアであるかもしれませんが、紙上での紹介や分析は実践者への励ましやフォーラムを継続させる力になっているのではないでしょうか。

7 「NPO法人幼老共生まちづくり支援協会」の立ち上げ

このたび「生涯学習フォーラム」から派生した活動として、福岡県の実行委員を中心に、「NPO法人幼老共生まちづくり支援協会」を立ち上げました。もともと大会やフォーラムを通して、少子・高齢社会の基本施策として、高齢者が次世代の幼少年を育成・教育することの重要性を主張してきた私たちは、そうした具体的な仕組みをまちづくりの一環として政策化すべきであると考えていました。大会発足三〇年の節目に新しい政策課題を主張するNPOを発足させることになったのもまた「フォーラム効果」の一つであることはいうまでもありません。「NPO法人幼老共生まちづくり支援協会」では、今後の「生涯学習フォーラム」を「生涯教育・まちづくりフォーラム」に名称を変え主催することに決定しました。また旧穂波町から合併後の飯塚市で取り組まれてきた高齢者が子どもたちを支援する交流活動を「幼老共生」（二〇〇〇年、碇浩一）という言葉に集約し、少子・高齢社会のまちづくりの政策課題としてシステム化することを支援し、県内外に啓発、拡充していくことを新NPO法人の使命と任務と位置づけています。

NPO設立の動機は、社会が変化し続け、個人主義の文化が成熟化していく時代において、これからの行政に各種事業のアウトソーシングが始まると予測したことが端緒になっています。他方、民間有志のボランティア活動が社会を支える時代がくるということを併せて考えれば、少子・高齢社会の「未来の必要」は、行政から子育て支援事業をアウトソーシングする時代がくると判断したことです。高齢者の社会参画と家庭・家族の子育て支援をつなぐ鍵は、民間に「幼老共生まちづくり」のシステムをつくり上げることであると確信しています。

大会の機関誌的役割を果たしてきた生涯学習通信「風の便り」には、次に「NPO法人幼老共生まちづくり支援協会」の機関誌的機能も同時に果たしてもらいたい旨を依頼して、了解をいただいています。

8　三〇周年記念出版

第三〇回大会を節目に作成した記念出版は、三浦清一郎氏を編集委員長として福岡県の実行委員を中心に編集委員会を組織し、編集会議並びにフォーラムでの発表・討議を進めてきました。

「未来の必要」をコンセプトに掲げ、三〇年間の七〇〇事例を越える実践をベースに、将来を見すえて新しい方向、施策を見つけ出そうとする手法は編集委員の皆さんにとっては初めての挑戦であり、〝これで良いのだろうか〟を自問自答しながらの原稿作成だった思います。

「未来の必要」の提示は、日本の「生涯教育立国」のための条件提示でもあります。変革なくして成長はなく、教育なくして変革の方向が見出せないとすれば、国民の生涯教育こそが立国の条件になることは必定です。三〇年の実践を経て私たちは、変化の時代を切り拓いて生き抜くためには、「生涯学習」の概念をもう一度「生涯教育」の概念に戻さなければならないという結論に至りました。読者の皆さんの活発な議論を頂ければ、記念出版に関わった関係者一同の喜びこれに優るものはありません。この間、蔭に日向に会議やフォーラムの開催を支えてくださった社教センターの職員の皆さん、ご協力誠にありがとうございました。末尾ながら心からお礼を申し上げます。

また、この度も、二五周年記念出版に続いて、地方からの発信にご理解をいただいた学文社の三原多津夫氏のご尽力を頂きました。中国・四国・九州地区の同志が築いてきた絆が日本に何らかの貢献をもたらすよう実行委員一同さらなる力を尽くすことをお約束してごあいさつと致します。

平成二三年二月一五日

中国・四国・九州地区生涯学習実践研究交流会代表世話人

森本　精造

《執筆者一覧》

三浦　清一郎（生涯学習通信「風の便り」編集長、社会教育・社会システム研究者）　まえがき、Ⅰ-1
永渕　美法（九州共立大学准教授）　Ⅱ-1
関　　弘紹（佐賀県教育委員会社会教育主幹）　Ⅱ-2
森本　精造（NPO法人幼老共生まちづくり支援協会理事長）　Ⅱ-3、あとがき
中川　忠宣（大分大学教授）　Ⅱ-4
古市　勝也（九州共立大学教授）　Ⅱ-5
弓削　暢彦（福岡県立社会教育総合センター社会教育主事）　Ⅱ-6
野見山　和久（福岡県立社会教育総合センター社会教育主事）　Ⅱ-6
正平　辰男（純真女子短期大学特任教授）　Ⅲ-1
益田　　茂（福岡県立社会教育総合センター主任社会教育主事）　Ⅲ-2
黒田　修三（福岡県立社会教育総合センター副所長）　Ⅲ-3
大島　まな（九州女子短期大学　准教授）　Ⅲ-4
赤田　博夫（山口市立鋳銭司小学校校長）　Ⅲ-4

《編著者紹介》

三浦　清一郎（みうら　せいいちろう）

米国西ヴァージニア大学助教授，国立社会教育研修所，文部省を経て福岡教育大学教授，この間フルブライト交換教授としてシラキューズ大学，北カロライナ州立大学客員教授。平成３年福原学園常務理事，九州女子大学・九州共立大学副学長。平成12年三浦清一郎事務所を設立。生涯学習・社会システム研究者として自治体・学校などの顧問を勤めるかたわら生涯学習通信「風の便り」編集長として教育・社会評論を展開している（http://www.anotherway.jp/tayori/）。大学を離れた後は，生涯学習現場の研究に集中し，「市民の参画と地域活力の創造」（学文社），「子育て支援の方法と少年教育の原点」（同），「The Active Senior―これからの人生」（同），「しつけの回復　教えることの復権」（同），「変わってしまった女と変わりたくない男」（同），「安楽余生やめますか，それとも人間止めますか」（同），「自分のためのボランティア」（同）など毎年１冊の出版ペースで研究成果を世に問うている。中・四国・九州地区生涯学習実践研究交流会実行委員。

未来の必要
――生涯教育立国の条件

2011年５月20日　第１版第１刷発行

編著者　三浦　清一郎

発行者　田　中　千津子

発行者　株式会社　学文社

〒153-0064 東京都目黒区下目黒3-6-1
電話　03（3715）1501 ㈹
FAX　03（3715）2012
http://www.gakubunsha.com

印刷／シナノ印刷
製本／島崎製本

ISBN 978-4-7620-2095-7

三浦清一郎編著

市民の参画と地域活力の創造

―生涯学習立国論―

Ａ５判　224頁　定価 2100円

子育て支援，自然・生活体験活動，高齢者社会参加支援活動等，生涯学習の文脈におけるさまざまな地域市民活動の最新事例を紹介。市民参画型生涯学習，地域市民活動がもつ新たな可能性を提示。

1561-8 C0037

三浦清一郎著

子育て支援の方法と少年教育の原点

四六判　192頁　定価 1890円

日本社会の伝統的子育てのあり方や少年教育思想史を踏まえつつ，子育て支援・少年教育の原点を見つめなおし，バランスのとれた教育実践の方向性を提示していく。

1509-0 C0037

三浦清一郎著

しつけの回復 教えることの復権

―「教育公害」を予防する―

四六判　176頁　定価 1680円

戦後教育がなぜ失敗してきたのかを解明しつつ，戦後の家庭・学校教育における「子ども観」と「指導法」，特に「幼少年期」のしつけと教育法に焦点を絞って解説してゆく。

1800-8 C0037

三浦清一郎著

THE ACTIVE SENIOR：これからの人生

－熟年の危機と「安楽余生」論の落とし穴－

四六判　160頁　定価 1575円

定年は，「活動からの引退」ではない。「前を向いて生き」，「社会と関わって生きる」ことが，老後の幸福の条件である。「読み・書き・体操・ボランティア」で，自分を鍛え，社会に貢献する人生を提唱。

1680-6 C0037

三浦清一郎著

「変わってしまった女」と「変わりたくない男」

―― 男女共同参画ノート ――

四六判　176頁　定価 1680円

女性はすでにさまざまな生活領域で考え方・生き方も変えてしまったが，多くの男性はそれらの優位な状況を変えたくない。男女の「対立点」「問題点」「衝突の現場」を社会教育的観点から論じる。

1949-4 C0037

三浦清一郎著

安楽余生やめますか、それとも人間やめますか

―― 生涯現役の方法 ――

四六判　164頁　定価 1680円

人生80年時代の老後に，「人間」としての精神を維持しながら第二の人生を豊かな「収穫期」とするために，いかに「衰弱との戦い」に主体的に立ち向かうことができるかを問う生涯現役のすすめ。

2010-0 C0037

三浦清一郎著

自分のためのボランティア

－居場所ありますか，必要とされて生きていますか－

四六判　176頁　定価 1680円

一人ひとりが社会貢献の実践を通して「生き甲斐」と「絆」を求める日本型ボランティアは、旧来の共同体文化を離れた「やさしい日本人」の新しい生き方の選択肢として「生涯現役」の究極の形となる。

2110-7 C0037

横山正幸監修／藤澤勝好編著

いきいきキャンプの子ども達

―障害のある子のための野外教育のすすめ―

四六判　192頁　定価 1680円

福岡県・国立夜須高原少年自然の家で開催される知的障害者の子どもたちを対象としたキャンプの活動記録。参加した親・ボランティアの声も収録。障害をもつ子どもたちへの野外教育の可能性を探る。

1393-5 C0037

瀬沼克彰著

住民が進める生涯学習の方策

四六判　276頁　定価 2625円

行政主導の生涯学習の後退が目立つなか，住民が進める生涯学習の方法を求めて，全国的に調査・取材した論稿を一冊にまとめ，これからの生涯学習が活発になる材料となることをめざしている。

1971-5 C3337

瀬沼克彰著

市民が主役の生涯学習

四六判　259頁　定価 2625円

各地の実情，横浜，神戸ほか先進地の事例に参加や現場から調査。ネットワーキング，人の養成，情報発信，政府との連携策，民間教育事業とのタイアップ等をしらせて，あくまで現実的に日本型生涯学習を活性。

0883-2 C3337

瀬沼克彰著

高齢余暇が地域を創る

四六判　288頁　定価 2625円

高齢社会・日本。職場から地域へと転換する高齢期の余暇時間を，個人としての充実とともに，地域再生，次世代へとつながる豊かなものにするためのノウハウを，生活体験に基づいて多彩に論じる。

1615-8 C3337

瀬沼克彰著

市民が主役の生涯学習

四六判　259頁　定価 2625円

各地の実情，横浜，神戸ほか先進地の事例に参加や現場から調査。ネットワーキング，人の養成，情報発信，政府との連携策，民間教育事業とのタイアップ等をしらせて，あくまで現実的に日本型生涯学習を活性。

0883-2 C3337

瀬沼克彰著

高齢余暇が地域を創る

四六判　288頁　定価 2625円

高齢社会・日本。職場から地域へと転換する高齢期の余暇時間を，個人としての充実とともに，地域再生，次世代へとつながる豊かなものにするためのノウハウを，生活体験に基づいて多彩に論じる。

1615-8 C3337

瀬沼克彰著

余暇事業の戦後史

――昭和20年から平成15年まで――

四六判　278頁　定価 2625円

戦後，余暇事業の供給について，戦後の昭和20年から今日における，国，地方自治体，民間企業，民間団体の事業提供をくまなく綿密に跡付け考察した一大余暇事業史。

1277-8 C3337

瀬沼克彰著

進化する余暇事業の方向

四六判　288頁　定価 2625円

余暇問題について多角的な考察と余暇ライフのトレンドの分析をし，各世代の余暇実践や活動の変化を明らかにする。また，企業や団体などの余暇事業への取組みや活性化のための支援策を提案する。

1722-3 C3337

瀬沼克彰著

シニア余暇事業の展開

四六判　276頁　定価 2625円

余暇参画が活発になっているシニア層は，新しい時代のレジャークラス（余暇階級）であり，そのシニアが社会や地域で活躍することで，これからの日本の余暇事業を展開し活性化することを提案する。

1878-7 C3337